동남아시아 귀신 도감

전설과 민담에서 찾아낸
동남아시아
귀신 도감

초판 1쇄 발행 | 2025년 10월 10일

지은이 | 강민구
그린이 | 구하윤
펴낸이 | 박영욱
펴낸곳 | 북오션

주　소 | 서울시 마포구 월드컵로 14길 62 북오션빌딩
이메일 | bookocean@naver.com
네이버블로그 | blog.naver.com/bookocean_rabbit
페이스북 | facebook.com/bookocean.book
인스타그램1 | instagram.com/bookocean777
인스타그램2 | instagram.com/supr_lady_2008
X | x.com/b00k_0cean
틱톡 | www.tiktok.com/@book_ocean17
유튜브 | 쏠쏠TV·쏠쏠라이프TV
전　화 | 편집문의: 02-325-9172　영업문의: 02-322-6709
팩　스 | 02-3143-3964

출판신고번호 | 제 2007-000197호

ISBN 978-89-6799-901-8 (03910)

*이 책은 (주)북오션이 저작권자와의 계약에 따라 발행한 것이므로 내용의 일부 또는 전부를 이용하려면 반드시 북오션의 서면 동의를 받아야 합니다.
*책값은 뒤표지에 있습니다.
*잘못 만들어진 책은 구입하신 서점에서 교환해 드립니다.

전설과 민담에서 찾아낸

동남아시아 귀신 도감

강민구 지음 | 구하윤 그림

북오션

들어가며

  동남아시아는 아시아의 남동부에 위치한 태국, 필리핀, 인도네시아, 말레이시아, 싱가포르, 베트남 등의 국가를 포괄하는 지리적 범위를 말한다. 본 책에서는 동남아시아의 괴이한 존재들을 도감화하였다. 민담, 신화 혹은 구전으로 존재하는 귀신, 괴물 등 100가지를 선정하였고, 각 존재들마다 얽힌 이야기들을 서술하였다.

  책에서 등장하는 존재들을 통칭하는 용어로 '귀신'을 사용하였다. '괴이한 존재'를 포괄하기 위한 용어로 '귀신'을 선택한 것은 동남아시아에서 이들을 바라보는 시각이 '믿음'을 기반으로 하고 있기 때문이다. 동남아시아인들은 종교적 세계관을 기반으로 떠도는 괴담들의 존재들을 '영혼'이나 '귀신'으로 바라보고 그들을 숭배하거나 이용하는 등 일상생활에 그들이 존재한다고 '믿고' 살아간다. 특히, 현실세계에서 존재하던 생물체

가 죽어 원혼이나 풀리지 않은 염원 등 살아생전의 감정을 품은 채 영혼이 되어 새로운 존재로 재탄생하는 이야기가 많았다. 각 나라에서 귀신을 지칭하는 용어는 조금씩 다르지만, 태국에서는 피(Phi), 말레이시아에서는 한투(Hantu), 베트남에서는 혼 마(hồn ma) 등의 이름으로 불린다.

동남아시아 국가들에서 기념하는 귀신들을 위한 축제를 보면, 우리나라에 비해 귀신을 좀 더 인간과 가까운 존재로 믿는다는 것을 알 수 있다. 태국의 쌋 타이(Sat Thai), 베트남의 텟 트렁 웅구옌(Tết Trung Nguyên) 등 동남아시아 대부분의 국가 사람들은 굶주리고 저승으로 가지 못해 이승을 떠도는 귀신들을 위해 제사를 지내고 음식을 베푼다.

동남아시아는 나라마다 두드러지는 종교는 다르지만 불교, 힌두교, 이슬람교 등의 문화가 퍼져 있어 이와 관련된 귀신들을 다수 볼 수 있었다. 종교 뿐만 아니라 중국계, 인도계 등의

여러 인종들이 한 사회 내에 혼합되어 있어, 한 나라에서도 귀신의 형태가 다양하게 나타나는 경우들도 많다.

  귀신의 존재를 인정하고 알고는 중요하지 않다. 이미 동남아시아에서는 귀신이 문화의 깊숙한 부분으로 자리잡았고, 이들을 소재로 영화·드라마·소설 등 다양한 문화콘텐츠에서 활용하고 있다. 최근 한국에서도 동남아시아의 흑마술을 소재로 영화 등 다양한 콘텐츠를 만들어내고 있다. 이러한 시점에서 동남아시아에서 향유하는 문화콘텐츠로서 귀신들을 정리하는 것은 단순한 재미는 물론 다양한 콘텐츠 창작에 영감을 줄 것으로 생각한다.

  본 책에서 등장하는 귀신들은 형태가 불분명하게 회자되는 것들도 많았으며, 자세하게 알려지지 않은 경우도 많았다. 따라서 작가적 상상력을 더해 귀신의 외형과 능력치를 설정하는 등 빈 부분을 채우려 노력하였다. 이에 독자들이 흥미를 느끼길 바라며, 책을 펴는 순간 즐거운 세계로 다가가길 희망해본다.

강민구

목차

들어가며   004

001 겐더루워   013
       Genderuwo

002 꾸이 응합 트랑   015
       Quỷ Nhập Tràng

003 낭 타니   017
       Nang Tani

004 누 귀   019
       Nu Gui

005 달라케트논   021
       Dalaketnon

006 디와타   023
       Diwata

007 락 얌   025
       Rak Yum

008 람바나   027
       Lambana

009 람포르   029
       Lampor

010 람퐁   031
       Lampong

011 랑 수아르   033
       Lang Suir

012 마 트란   035
       Ma Trành

013 마 파에 와   037
       Ma Phae wah

014 마 가   039
       Ma Gà

015 마나낭갈   041
       Manananggal

016 마 다   043
       Ma Da

017 마멜레우   045
       Mameleu

018 마 부 다이   047
       Ma Vú Dài

019 마 탄 봉   049
       Ma Thần Vòng

020 만타홍갈   051
       Mantahungal

021 맘바바랑   053
       Mambabarang

022 망쿠쿨람   055
       Mangkukulam

023 매 야 낭   057
       Mae Ya Nang

024 모히니   059
       Mohini

025 바나스파티   061
       Banaspati

026 바장   062
       Bajang

027 바티바트   064
       Batibat

028 발발   066
       Balbal

029 버그소크 *Bugsok*	068	
030 번지승기스 *Bungisngis*	070	
031 베르베로카 *Berberoka*	072	
032 베르발랑 *Berbalang*	074	
033 부소 *Busaw*	076	
034 수스터 웅게솟 *Suster Ngesot*	078	
035 수앙기 *Suanggi*	080	
036 수에 사밍 *Sue Saming*	082	
037 순델 볼롱 *Sundel Bolong*	084	
038 시그빈 *Sigbin*	086	
039 아말란히그 *Amalanhig*	088	
040 아모몽고 *Amomongo*	090	
041 아스왕 *Aswang*	092	
042 알란 *Alan*	094	
043 앙기타이 *Anggitay*	096	
044 오랑 미냑 *Orang Minyak*	098	
045 옹 바 비 *Ông Ba Bị*	100	
046 왁왁 *Wakwak*	102	
047 우시칸 *Usikan*	104	
048 웨웨 곰벨 *Wewe Gombel*	106	
049 젬발랑 타나 *Jembalang Tanah*	108	
050 젠글롯 *Jenglot*	110	
051 차이 칼레인 마 *Chay Kalein Ma*	113	
052 카발란 *Kabalan*	115	
053 카프레 *Kapre*	117	
054 콩 코이 *Kong Koi*	119	
055 쿠도 쿠도 *Kudo Kudo*	121	
056 쿠만 통 *Kuman Thong*	123	

057 쿨라리우트 *Kulariut*	125	
058 크라수 *Krasue*	127	
059 크라항 *Krahang*	128	
060 크와이 타누 *Khwai Thanu*	130	
061 타고 응기리 *Tago Ngiri*	132	
062 타옹 투오드 *Taong Tuod*	134	
063 탈라히앙 *Talahiang*	136	
064 토욜 *Toyol*	138	
065 트한 트렁 *Thân Trùng*	140	
066 펠레시트 *Pelesit*	142	
067 포네기 타예 *Phonegyi thaye*	144	
068 포쫑 *Pocong*	146	
069 포테 *Phote*	148	
070 폰티아낙 *Pontianak*	150	
071 폴롱 *Polong*	152	
072 푸 솜 삽 *Pu Som Sap*	154	
073 피 딥 친 *Phi Dip Chin*	156	
074 피 랑 클루앙 *Phi Lang Kluang*	158	
075 피 마 봉 *Phi Ma Bong*	160	
076 피 브라에드 *Phi Braed*	162	
077 피 송 낭 *Phi Song Nang*	165	
078 피 암 *Phi Am*	167	
079 피 야 옴 *Phi Ya Wom*	169	
080 피 응구 *Phi Ngu*	171	
081 피 카 *Phi Ka*	173	
082 피 크라시 *Phi Krasy*	175	
083 피 타보 *Phi Tabo*	177	
084 피 타이 홍 *Phi Tai Hong*	179	

085	피 탈레 Phi Thale	181
086	피 투아이 카에오 Phi Thuai Khaeo	183
087	피 파왑 Phi Pawb	185
088	피 팝 Phi Pop	187
089	피 페타 Phi Peta	189
090	피 포앙 캉 Phi Poang Khang	191
091	피 퐁 Phi Phong	193
092	피 풀락 Phi Pulak	195
093	피 홍 남 Phi Hong Nam	197
094	피 후아 카트 Phi Hua Khat	199
095	피야르 라테 나트 Phyar late nat	201
096	한투 갈라 Hantu Galah	203
097	한투 라야 Hantu Raya	205
098	한투 에어르 Hantu Air	207
099	한투 텡기 Hantu Tinggi	209
100	훈 파욘 Hun Phayon	211

겐더루워
Genderuwo
(인도네시아)

겐더루워는 인도네시아 민담에서 전해지는 괴물이다. 검붉은 색 피부와 근육질 몸매를 갖고 있으며, 얼굴에는 털이 나 있고 뾰족한 이빨을 갖고 있다. 겐더루워는 자신의 몸 크기를 마음대로 바꿀 수 있어, 얼핏 깡마른 사람처럼 보일 수 있으나 사람이 접근하면 자신의 몸을 거대하게 만들 수 있다. 인도네시아 자바(Java) 섬에서 서식한다고 알려져 있으며 주로 숲에 서식하지만, 버려진 건물 같은 곳에서도 발견된다고 한다.

겐더루워는 성욕이 강하고, 사람과의 교배를 통해 혼종을 만들어내기 위해 항상 노력한다. 여성을 유혹하기 위해 인간의 언어를 구사할 줄 알며, 최면술로 상대방을 유혹한다. 여성을 유혹하는 데에 성공하면, 여성의 자궁에 거주하며 자신과 여성에게 성적 만족감을 준다.

꾸이 응합 트랑
Quỷ Nhập Tràng

(베트남)

베트남 전설에 따르면, 한 사람이 사망하여 장례를 치르고 매장되기 직전에 누워 있을 때, 그 시체 위를 검은 고양이가 지나가면, 악령이 시체에 깃들어 꾸이 응합 트랑이 탄생한다고 전해진다. 꾸이 응합 트랑은 병약한 사람을 잡아먹는 악령이며, 약자들의 영혼을 소비하고 그들의 몸을 빼앗아 지상에서 각종 쾌락을 즐긴다고 한다.

꾸이 응합 트랑에 몸을 빼앗긴 사람은 이상행동을 보인다. 처음에는 마치 건강이 회복된 것처럼 기운이 나지만, 얼마 뒤 엄청난 식욕을 보이며 닥치는 대로 먹어치우기 시작한다. 특히, 살아 있는 동물이나 생명체의 피를 마신다. 사람들은 종종 꾸이 응합 트랑에게 빙의된 사람을 퇴마사에게 데려가기도 하지만, 이미 꾸이 응합 트랑에게 몸을 빼앗겼다면 죽은 것과 다름없다고 한다. 따라서 퇴마사에 의해 꾸이 응합 트랑이 몸을 빠져나가면 금세 몸은 시체처럼 바싹 마르고, 썩은 냄새가 난다고 한다.

낭 타니
Nang Tani

(태국) (캄보디아) (라오스)

　낭 타니는 태국, 캄보디아, 라오스의 야생 바나나 나무에 서식하는 여자 귀신이다. 녹색 전통 태국 의상을 입은 아름다운 젊은 여자의 모습을 하고 있으며, 보름달이 뜨는 밤에만 목격된다고 한다. 낭 타니의 얼굴은 초록빛을 내며, 입술은 매력적인 붉은색이고, 머리카락은 검고 윤기가 흐른다고 한다. 그녀의 특징은 발을 땅에 디디지 않고 바나나 나무에 매달려 있는 것이다.

　낭 타니는 성격에 따라 극과 극으로 나뉜다. 자비로운 낭 타니들은 지나가는 여행자들이나 승려들에게 바나나와 같은 간식을 주기도 하지만 좋지 못한 성격을 가진 낭 타니들은 아름다운 외형으로 숲을 지나는 남성들을 유혹해 함께 하룻밤을 보낸 뒤, 남자가 자신을 배신하면 비명횡사하도록 만든다고 한다.

누 귀
Nu Gui

(말레이시아)

누 귀는 중국문화 속에 전해 내려오는 귀신이다. 말레이시아에 거주하는 화교 커뮤니티에서 주로 회자된다. 누 귀는 살아 있는 동안 남편에게 학대를 당하거나 낯선 남자에게 강간을 당하여 자살한 여성 귀신을 일컫는다. 좋지 못한 일로 귀신이 되었기 때문에, 누 귀가 품고 있는 원한의 힘은 엄청나다. 누 귀는 긴 머리에 붉은 드레스를 입고 다니는데, 이는 자신의 원한과 복수심이 겉으로 표현된 것이라 전해진다.

누 귀는 살아 있을 때, 자신들에게 몹쓸 짓을 한 남성들에게 반드시 복수를 하겠다는 마음으로 죽었는데, 죽기 전 마치 피를 뒤집어쓴 것처럼 보이는 붉은 드레스를 입고 자살을 했다고 한다. 누 귀는 자신에게 해를 끼친 사람들을 잔인하게 살해하며, 자신 외에 다른 여성에게 나쁜 마음을 품고 있는 남성들을 공격하여 생명력을 빨아들여 죽음에 이르게 한다. 반면에 여성들은 겁만 준다고 한다.

달라케트논
Dalaketnon

(필리핀)

  달라케트논은 필리핀 전설에 구전되는 엘프 종족이다. 외형은 고대 필리핀 귀족을 닮은 잘생긴 남성 혹은 아름다운 여성이며, 세련된 옷을 입고 거대한 저택에서 거주한다. 상류층처럼 보이는 외형과 교양을 갖추고 있어 겉으로 뿜어내는 매력이 대단하다고 전해진다. 그들은 달라켓(Dalaket)이라는 나무 안에 거주하는 것으로 알려져 있으며, 그들의 저택으로 가기 위해서는 나무 속으로 들어가야 한다.

  하지만 화려한 외형과는 달리, 달라케트논은 악한 성격을 지니고 있다. 달라케트논은 인간들과 어울리기를 좋아하는데, 자신의 거주지를 구경시켜 준다는 명목으로 인간들을 유인하여 납치한다. 납치된 인간들은 달라케트논들이 저주를 걸어놓은 검은 쌀을 강제로 먹고, 마법에 걸려 달라케트논들의 노예로 평생 살게 된다. 또한, 때때로 인간들을 달라케트논으로 만들어 자신들의 일을 돕도록 한다고 전해진다.

디와타
Diwata

(필리핀)

디와타는 필리핀 신화에 전해 내려오는 숲속에 사는 요정이자 숲을 수호하는 정령이다. 디와타는 숲에 머물며, 숲을 포함한 산, 호수, 하늘 등을 오가며 아름다움을 유지할 수 있도록 돕는다.

디와타는 아름다운 요정의 모습을 하고 있어 얼핏 나약해 보이지만, 갖고 있는 힘은 매우 강력하다. 평소에는 사람들에게 자애롭고 숲을 지나는 사람들을 지켜주지만, 숲을 해치거나 더럽히는 존재들을 보면 잔인한 면모를 드러낸다.

필리핀에서 가장 유명한 디와타는 마리아(Maria)로 전해지며, 마리아는 필리핀 남동부에 위치한 라구나(Laguna)라는 지역의 숲에 거주했다고 한다. 그녀는 라구나 지역 사람들을 보호하며 축복해주기도 했지만, 숲의 환경을 해치는 사람들에게는 엄벌을 내렸다고 전해진다.

락 얌
Rak Yum

(태국)

락 얌은 태국의 주술사들이 만드는 일종의 부적이다. 병 속에 하얀 아이와 검은 아이 모양의 인형을 넣어 만들며, 인형에는 혼이 깃든다고 믿는다. 인형은 나무를 깎아 만드는데, 인형과 함께 특수 오일을 넣으면 락 얌이 완성된다.

락 얌을 갖고 있는 사람은 주변 사람들에게 사랑을 받고 인기가 많아진다고 한다. 단순히 사람들로부터 인기가 많아지는 것을 넘어, 사업과 같은 분야에서도 인맥을 통해 성공할 수 있는 힘을 준다고 한다.

락 얌은 단순히 소지하는 것뿐만 아니라 지속적으로 락 얌에 깃든 영혼에 대해 숭배를 해야 한다. 정기적으로 삶은 달걀이나 쌀과 같은 것들로 락 얌에 있는 영혼을 위해 공양을 드려야 한다. 주의할 점은 공양을 정성스럽게 드리지 않을 경우, 오히려 소지하고 있는 사람에게 불운을 가져오는 부적이 된다.

람바나
Lambana
(필리핀)

람바나는 필리핀 전설에 전해 내려오는 숲에 사는 매우 작은 요정이며, 잠자리의 날개를 갖고 있다. 람바나는 필리핀 전역에 있는 깊은 숲에서 거주하며 또 다른 요정인 디와타들과 함께 어울려서 지낸다.

람바나들은 떼를 지어 살며 디와타와 함께 숲을 보호하고 숲에 사는 다양한 동식물들을 관리한다. 람바나들은 호기심이 많아 숲을 지나는 사람들에게 접근하여 어울리기를 좋아하며, 사람들에게 우호적이다.

람바나들은 작은 외형에도 불구하고 마법을 굉장히 잘 부리는 것으로 유명하다. 순간이동, 정신지배, 저주, 축복 등의 마법을 사용할 수 있으며, 심성이 착한 사람들이 힘들어할 때마다 적절하게 마법을 통해 그들에게 도움을 준다. 하지만 타인에게 악한 짓을 하거나, 숲을 망치는 사람들이 있으면 마법으로 벌을 주기도 한다.

람포르
Lampor
(인도네시아)

람포르는 인도네시아 민담에서 전해 내려오는 괴물로, 아이들이 한밤중 잠이 들면 다가와 목을 조르거나 놀래켜 목숨을 앗아가는 귀신이다. 평소에 아이가 사는 집 지붕 틈 사이에 잠을 자며 숨어 있다가, 밤이 되면 기어나와 활동을 시작한다.

람포르는 자고 있는 아이에게 접근하여 아이의 목을 졸라 죽인 뒤 천으로 온몸을 감싸놓고 도망간다고 한다. 소름끼치는 귀신임에도 불구하고 외형은 생각보다 우스꽝스럽게 생겼다. 얼굴에는 모기와 비슷하게 빨대형의 입이 있으며, 엉덩이에는 뿔이 나 있다.

람포르로부터 아이들이 살아남는 방법은 바로 침대가 아닌 땅바닥에서 잠을 청하는 것인데, 이는 람포르가 엉덩이의 뿔 때문에 바닥에 앉아 아이의 목을 조를 수 없기 때문이다.

람포르의 존재는 아직 밝혀진 바는 없으나 람포르의 유래는 모기 같은 존재로부터 전염되는 병으로 추정된다.

람퐁
Lampong

(필리핀)

람퐁은 필리핀 전설에 전해 내려오는 하나의 눈을 갖고 있는 하얀 사슴이다. 머리 위에는 두 개의 황금색 뿔이 화려하게 나 있어, 신성한 외형을 갖고 있으며 하나뿐인 눈은 신비로운 갈색 빛을 낸다.

람퐁은 사슴을 수호하는 사슴들의 정령이다. 전해 내려오는 일화에 따르면, 사냥꾼들이 숲에 들어가 사슴들을 살육할 때, 람퐁이 나타나 사냥꾼들의 총알을 모두 몸으로 막아주었다고 한다. 람퐁이 죽은 줄 알고 다가간 사냥꾼들은 신기한 외형에 가죽을 벗기려 했다. 그러나 람퐁이 다시 일어나 사냥꾼들에게 저주를 걸었다고 한다. 이 사건 이후 사냥꾼들은 의문의 질병에 시달리다가 죽었다고 전해진다.

랑 수아르
Lang Suir

(말레이시아)

랑 수아르는 말레이시아 민담에서 전해 내려오는 사산아를 낳다가 사망한 여성의 귀신이다. 랑 수아르는 긴 손톱, 발목까지 오는 머리카락, 녹색 옷을 입은 아름다운 여성의 모습을 하고 있다.

랑 수아르는 사산아를 낳다가 죽었기에 엄청난 슬픔을 가슴 속 깊이 품고 있으며, 건강한 아이를 잉태한 임산부에게 강한 질투심을 느껴 임산부의 아이와 임산부를 저주하고 공격한다고 전해진다.

랑 수아르에게 공격을 당해 죽은 임산부는 또 다른 랑 수아르로 태어날 수 있는데, 이때 임산부의 시신이 랑 수아르가 되는 것을 막기 위해서는, 죽은 임산부의 입에 유리 구슬을 넣고 양쪽 겨드랑이에 달걀을 넣은 다음, 손에 바늘을 꽂는 의식을 해야 한다.

랑 수아르는 주로 해안 지역에 출몰하며, 날생선을 뜯어 먹는 것을 좋아한다. 건강한 아이를 잉태한 임산부의 손톱과 머리카락을 잘라 랑 수아르 몸에 난 상처에 집어넣으면 온순해진다고 한다.

마 트란
Ma Trành
(베트남)

베트남의 한 산악지대에 사는 므엉족 사람들은 지역에 매우 강력한 호랑이 귀신이 산다고 믿는다. 그 호랑이 귀신은 사람을 즐겨 먹는데, 호랑이가 사람을 100명 이상 잡아먹으면 악마가 된다고 한다. 악마는 어떠한 공격에도 무적이며, 뛰어난 지능과 신체능력을 갖는다고 한다. 또한 호랑이 귀신이 잡아먹은 사람의 숫자는 귀에 빨간 점의 형태로 나타난다고 한다.

므엉족 사람들이 믿는 호랑이 귀신은 희생자들을 잔인하게 살육한 뒤, 먹거나 자신의 노예로 삼는다. 호랑이 귀신은 자신이 죽인 몇몇 사람들을 먹지 않고 그들의 몸에 악한 영혼을 주입하고 마음대로 조종하는데, 바로, 이 과정에서 탄생한 호랑이 귀신의 노예를 마 트란이라고 부른다. 마 트란은 얼핏 평범한 인간으로 보이지만, 결국 호랑이 귀신의 통제를 받고 있는 좀비와도 같은 상태이며, 산악지대를 지나는 사람들을 유인하여 자신들의 주인인 호랑이에게 갖다 바치기 위해 숲에서 배회한다.

마 파에 와
Ma Phae Wah

(미얀마)

　마 파에 와는 미얀마 민담에서 전해 내려오는 긴 머리를 늘어뜨린 처녀귀신이며, 입에는 노란 리본을 물고 있고 머리 위에는 관을 짊어지고 배회한다.

　마 파에 와는 낮에는 땅속에서 시체 같은 상태로 머물다가 자정이 되면 밖으로 나와 활동을 시작한다. 마을을 배회하다가 자신이 들고 있는 관을 한 집 앞에 내려놓는데, 관을 내려놓은 집의 가족 중 한 명은 질병에 걸려 죽게 된다고 한다. 특히, 질병에 취약한 노인이나 어린아이들이 가장 먼저 죽는다.

　마 파에 와는 자신이 데려갈 사람의 꿈에 며칠 전에 나타나는데, 꿈에 들어가 그 사람의 생살을 산 채로 뜯어 먹겠다고 경고한다. 꿈에 나타난 마 파에 와에게 죽임을 당하지 않으려면, 그녀가 생살을 뜯어 먹겠다고 말할 때 사람 고기 대신 개고기가 맛있다며 내 살을 뜯어 먹지 말고 맛있는 개고기를 같이 먹자고 제안해야 한다고 전해진다.

마 가
Ma Gà

(베트남)

 마 가는 베트남 민담에서 전해 내려오는 항아리 속에 사는 귀신이다. 그들은 딱히 고정된 형체 없이 검은색 젤리와 같은 몸을 하고, 항아리 속에 액체처럼 담겨 있다. 원래 마 가는 깊은 숲속의 바위 근처에서 서식하는 것으로 전해진다. 하지만 베트남 사람들은 마 가를 숲속에서 발견하면 일부러 집에 들어오게끔 유도한다. 마 가는 액운을 막아주고 집안을 지켜주는 수호신의 역할을 하기 때문이다. 마 가가 있는 집에 찾아오는 도둑이나 불청객은 그 자리에서 급사한다고 한다.

 대신 마 가를 집에 머물게 하기 위해서는 많은 노력이 필요하다. 마 가를 위해 항상 음식을 제공해주어야 하며 항상 기도해야 한다. 마 가는 생닭을 매우 좋아한다고 전해진다. 마 가에게 소홀히 한다면 마 가는 금세 눈치챈다. 자신에게 소홀하다고 생각이 되면 마 가는 오히려 집안 식구들에게 나쁜 기운을 뿜어내 질병에 걸리게 만든다고 한다.

마나낭갈
Manananggal
(필리핀)

마나낭갈은 필리핀 민담에서 전해 내려오는 여성의 상반신을 가진 흡혈귀이며, 외형은 거대한 박쥐와 같다. 마나낭갈은 인육을 굉장히 좋아하여, 잠을 자는 사람이나 임산부를 잡아먹으며 특히 신생아를 좋아하여 빨대 모양의 긴 혀를 태아의 심장에 흡착시켜 피를 빨아 먹는다고 한다. 또한 신혼부부나 사랑에 빠진 커플들을 괴롭힌다.

그러나 마나낭갈에게는 치명적인 단점이 있는데, 바로 밤이 되어 사냥을 갈 때면, 자신의 하반신은 깊은 숲속에 숨겨두고 상반신만 떠서 돌아다닌다는 점이다. 마나낭갈은 자신의 하반신을 들키지 않도록 수풀더미나 큰 바위 뒤 등과 같은 곳에 잘 숨겨놓는데, 이를 찾아 잘려진 부위에 소금이나 마늘, 재, 식초 등을 섞어 만든 성수를 뿌리면 금세 힘을 잃고 죽는다고 한다.

마 다
Ma Da

(베트남)

마 다는 베트남 민담에서 전해 내려오는 강에 사는 물귀신이다. 보통 물에 빠져 익사한 희생자들의 영혼이 마 다가 된다고 한다. 마 다는 익사할 당시의 모습처럼 온몸이 퉁퉁 부은 상태로 나타나며, 머리카락은 수초처럼 지저분하게 정리되지 않은 모습이다.

마 다는 익사할 당시 엄청난 고통 속에서 죽었기 때문에, 죽고 나서도 항상 원한과 분노로 가득 차 있다. 따라서 물속에 들어오는 사람들에게 해를 가하기 위해 항상 혈안이 되어 있다. 그들은 그들의 자리를 대신할 다른 사람이 있어야만 환생할 수 있기에 호수나 강에서 헤엄치는 사람들을 끌어내리려 한다. 특히, 어린아이들을 보면 더욱 흥분한다고 전해진다. 사람들을 끌어내릴 때는 수초처럼 긴 머리카락을 이용해서 온몸을 휘감아 더 이상 수영을 하지 못하도록 한 뒤 서서히 익사시킨다.

마 다는 물속이나 물 표면에 머물며 물을 벗어날 수 없기에 물속에서 마 다를 마주친다면 재빨리 물 밖으로 나와야 한다.

마멜레우
Mameleu
(필리핀)

마멜레우는 필리핀 인근 바다에서 서식한다고 전해지는 용을 닮은 바다뱀이다. 몸길이는 약 10m 정도이며, 비늘은 매우 단단하다. 눈은 붉은빛을 내며, 날카로운 이빨을 갖고 있다. 머리에는 버팔로처럼 크고 하얀 두 개의 뿔이 나 있다.

정확히 알려지지는 않았지만 마멜레우의 입에서는 불이 나온다고 전해지며, 마치 용암처럼 뜨겁기 때문에 닿기만 해도 그 어떤 것이든 녹일 수 있다고 한다.

마멜레우는 성격이 매우 포악한 것으로 알려져 있으며, 고래, 상어 등 바다에 사는 거대 생물들을 잡아먹고 산다. 마멜레우는 자신이 사는 서식지를 지나는 배를 공격하여 사람들을 잡아먹기도 하는데, 머리 위 커다란 두 개의 뿔을 사용하여 배를 들이받아 침몰시킨다.

마멜레우는 심해에서 서식하기 때문에 먹을 것을 구할 때만 바다 표면으로 나온다고 한다.

마 부 다이
Ma Vú Dài

(베트남)

마 부 다이는 베트남 민담에서 전해 내려오는 긴 가슴을 가진 여자 귀신이며, 긴 머리를 하고 하의만 입은 채 긴 혀를 꺼내놓고 다닌다. 가슴을 길게 늘어뜨리고 나무 꼭대기에 매달려 밤에 나무 근처를 지나는 여행자를 잡아먹기 위해 기다린다.

마 부 다이는 사냥에 성공하면 자신의 가슴을 그 사람에게 물려 밤새 모유를 마시게 한 뒤, 도로변에 내다 버린다. 마 부 다이의 가슴에서 나오는 모유에는 환각 작용을 일으키는 물질이 포함되어 있어, 모유를 마신 사람들은 기억을 잃고 끔찍한 악몽을 꾸다가 입에 흙이 잔뜩 묻은 채로 길거리에서 눈을 뜬다고 한다.

마 부 다이는 아직 모유를 끊지 못한 어린아이를 키우다가 불의의 사고로 죽은 귀신으로 추정하며, 그에 대한 원한과 슬픔 때문에 사람들을 납치하여 모유를 먹인다고 전해진다.

마탄봉
Ma Thần Vòng

베트남

   마 탄 봉은 베트남 민담에서 전해 내려오는 귀신이며, 밧줄에 목이 매달려 죽은 희생자들의 영혼이다. 이는 자살한 것을 의미한다. 그들은 살아생전 삶에서 부당함과 비극을 겪어왔기에 증오와 분노로 가득 차 자신이 죽은 현장에 머물며 목을 조를 다른 사람들을 찾아다닌다.

   마 탄 봉의 부정적인 기운은 엄청나기 때문에 일반 사람들이 마 탄 봉을 마주친다면 그 기운을 이기지 못해 죽음에 이르거나 정신병에 시달린다. 도망을 치더라도 꿈에 나타나고, 환청과 환각을 보여주는 등 지속적으로 마주한 사람을 괴롭혀 결국 자신처럼 자살을 하게 만든다고 한다.

   경험 많은 퇴마사들만이 마 탄 봉을 무찌르고 그들을 저승으로 보낼 수 있다고 한다. 퇴마사 없이 마 탄 봉을 없애는 방법이 한 가지 있는데 바로 마 탄 봉이 자살을 할 당시 사용했던 밧줄을 구해서 불에 태우면 된다고 한다.

만타훙갈
Mantahungal
(필리핀)

만타훙갈은 필리핀 민담에 전해 내려오는 전설의 소다. 만타훙갈은 높은 산악지대의 숲에 거주한다고 알려져 있다. 뿔은 없으며, 갈기가 자라 있는데 머리는 매우 기괴한 모양을 띠고 있으며 괴이한 입을 갖고 있다. 입에는 날카로운 송곳니가 자라 있는데 치악력이 매우 강력하여 한번 물면 무엇이든 찢어버릴 수 있다고 한다. 나무와 같이 질긴 것은 물론, 때때로 바위도 입으로 단번에 부수는 것이 목격된다고 한다.

만타훙갈은 경계심이 매우 많다고 한다. 사람에게 크게 해를 끼치지는 않지만, 자신의 영역 안에 사람들이 들어오게 되면 크게 분노하여 갑자기 공격을 하여 목숨을 잃는 경우가 있다고 한다.

맘바바랑
Mambabarang
(필리핀)

　맘바바랑은 필리핀 민담에서 전해 내려오는 곤충을 주로 사용하는 흑마법사이다. 맘바바랑은 흑마법으로 공격할 사람에게 곤충을 보낸 뒤, 몸에 침투시켜 고통스러운 죽음에 이르게 한다.

　맘바바랑이 흑마법을 위해 주로 사용하는 곤충은 딱정벌레다. 딱정벌레들을 잡아 병이나 대나무 통에 가둬놓고 일정 기간 동안 생강 뿌리를 먹이며 성장시킨다. 이후, 맘바바랑이 흑마법을 시전하고자 할 때 주문을 외우며 자신이 키운 딱정벌레들에게 흑마법의 대상에 대해 속삭인다. 뚜껑을 열어 딱정벌레들을 풀어주면, 맘바바랑의 지시를 들은 딱정벌레들은 희생자를 찾아 코, 입, 귀, 항문, 벌어진 상처 등 신체에 난 틈과 구멍을 찾아 몸 안으로 들어간다. 신체 내부에 들어간 딱정벌레들은 희생자의 신체부위들을 갉아먹기 시작하며, 희생자가 죽음에 이르면 죽은 신체에 알을 낳는다. 그 알에서 태어난 딱정벌레들은 다시 맘바바랑에게 돌아가서 다음 명령을 기다린다.

망쿠쿨람
Mangkukulam
(필리핀)

　망쿠쿨람은 필리핀 민담에서 전해 내려오는 마녀이다. 망쿠쿨람에서 '쿨람(Kulam)'은 수행자라는 뜻인데, 긍정적인 의미가 아니라 저주와 같은 흑미법을 사용하는 수행자를 일컫는 말이다. 망쿠쿨람은 흑마법을 구사하여 다른 사람에게 저주를 내리고 질병을 옮기게 하는 등 타인에게 해를 끼치는 일을 주로 한다.

　망쿠쿨람이 흑마법을 시전할 때는 부두인형과 바늘을 사용하여 저주를 내리기도 하며, 먹으면 환각을 일으키거나 좀비가 되도록 만든다거나 하는 등 마력을 가진 물약을 개발하기도 한다. 특수한 경우에는 귀신을 소환하거나 죽은 사람을 컨트롤하여 움직이기도 한다.

　흑마법이 특정 사람에게 효과가 있으려면 흑마법의 대상이 되는 사람이 죄가 있어야 하는데 이러한 이유로 망쿠쿨람은 죄를 지은 사람에 대한 처벌자로서의 역할을 한다. 그래서 망쿠쿨람의 흑마법이 향하는 대상은 도둑, 불륜을 저지른 자, 사기꾼 등 범죄자들이다.

매 야 낭
Mae Ya Nang

(태국)

　매 야 낭은 태국 민담에서 전해지는 귀신이다. 매 야 낭은 원래 태국 어부들이 이용하는 배에 거주하며 안전을 보장하고 많은 물고기를 잡을 수 있도록 도와주는 귀신이었다. 따라서 태국 어부들은 배를 처음 만들어 타기 전에 각종 음식과 꽃으로 매 야 낭에게 자신들을 지켜주어서 감사함을 표하는 의식을 드렸다.

　매 야 낭은 현대에 들어서 배뿐만 아니라 자동차, 비행기 등 각종 탈것에 거주하며 이용하는 사람들의 안전을 보장해주게 되었다. 따라서 태국 사람들은 새로운 탈것을 구입하면 스님에게 부탁하여 매 야 낭에게 안전을 기원하는 의식을 치른다. 태국 사람들은 스님의 의식을 치르지 않은 탈것은 사용하지 않는다.

　모든 탈것에는 매 야 낭의 영혼이 깃들어 있다고 생각하기 때문에 태국인들은 탈것을 발로 차거나 침을 뱉거나 욕을 하는 등의 행위는 삼간다.

모히니
Mohini
(말레이시아)

모히니는 말레이시아에 거주하는 인도인 커뮤니티에서 알려진 귀신이다. 모히니는 머리카락이 길고 흰 옷을 입은 아름다운 여성으로 묘사된다. 하지만 외형과는 달리 성격은 매우 포악하다. 모히니는 오래된 우물가 주변, 코코넛 나무 근처, 울창한 숲속, 동굴 근처 등에서 등장한다.

모히니는 자신이 사랑하던 사람과의 사랑을 이루지 못하고 결혼식을 올리기 전에 죽어 항상 원한과 질투심에 가득 차 있다고 전해진다. 이에 따라 모히니가 거주하는 숲을 지나는 커플들만을 잔인하게 살해한다고 한다.

또한, 연인이 있는 남성들을 유혹하여 자신의 거주지로 유인하여 납치한다. 모히니에게 납치된 남성들은 모히니의 거주지에 와서야 정신을 차리게 되는데, 이때 모히니는 자신이 죽었을 당시의 모습으로 변하여 자신이 세상에서 가장 아름다운 여성이라 말하라고 남성에게 강요하며, 거주지에 가두고 자신만을 사랑하라고 강요한다고 한다. 이를 거부하는 남성들을 그 자리에서 살해한다.

바나스파티
Banaspati

인도네시아

바나스파티는 인도네시아 민담에서 전해지는 일종의 화염 귀신이다. 바나스파티는 불타는 해골의 모습을 하고 자유롭게 이곳저곳을 날아다닐 수 있다. 인도네시아 시골에서 농사일을 마치고 해가 진 후 집으로 돌아오는 농부들에 의해 자주 목격된다.

바나스파티는 주로 밤에 숲이나 들판 등지에서 등장하여 주변을 지나가는 사람들을 놀래키고 그들의 두려움을 먹이로 먹는다고 한다. 바나스파티는 화염을 뿜어내어 사람뿐만 아니라 주변의 모든 것들을 태울 수 있기 때문에 매우 위험한 존재이다.

바나스파티로부터 피해를 막기 위해서는 보자마자 강물에 뛰어들어 가능한 한 오랫동안 물속에 머물거나, 가장 가까운 무슬림 사원으로 도망쳐 기도를 해야 한다고 한다.

바장
Bajang

(말레이시아)

바장은 말레이시아 민담에서 전해 내려오는 귀신이며, 태어날 때 죽은 사산아의 영혼이다. 바장은 사향고양이의 모습으로 형체화된다. 바장의 눈은 매우 크며 광채가 나고 손톱은 날카롭다. 언뜻 보면 여우와 비슷하게 생겼다. 그들은 주로 갓난아이들을 사냥하는 걸 좋아한다.

모유 수유 시간이 되면, 바장은 갓난아이의 주변을 맴돌며 호시탐탐 사냥 기회를 노린다. 그래서 사람들은 바장으로부터 아이들을 보호하기 위해 아이들이 잘 때 근처에 가위나 칼과 같은 날카로운 물체를 놓는다고 한다.

사람들은 농작물이 풍요롭게 자랄 수 있도록 바장을 길들인다. 하지만 간혹 자신이 싫어하는 경쟁자나 적을 저주하고 공격하기 위해 키우기도 한다.

바장을 잘 다스리기 위해서는 계란과 우유를 먹이로 주어야 한다. 먹이를 잘 주지 않고 소홀히 대한다면 바장은 주인이 살고 있는 집에 불을 내거나 주인을 직접적으로 공격한다. 바장을 소유할 수 있는 건 남성뿐이라고 한다.

바티바트
Batibat

(필리핀)

바티바트는 필리핀 전설에 등장하는 악마이다. 고도비만인 여성 외형을 하고 있으며, 거대한 나무에 거주한다. 평소에는 나무 주변에 자신의 모습을 은폐하고 숨어 있다가 인간들이 나무를 베거나 자르려고 할 때 모습을 드러낸다.

바티바트는 혼자 있는 것을 좋아하는데, 따라서 인간들이 나무 근처에서 떠들거나 지나다니는 것을 싫어한다. 특히, 인간들이 자신이 거주하는 나무 밑에서 자는 것을 극도로 싫어한다. 만약 나무 근처에서 인간들이 잠을 자고 있으면 자고 있는 사람의 꿈속으로 들어가 온몸을 사용해 질식시켜 숨이 멎는 듯한 고통을 주고, 잠에서 깨어나지 못하도록 가위에 눌리게 한다. 바티바트에게 당한 사람들은 한동안 악몽에 시달리며, 환청이나 환각을 듣는 등의 정신병에 시달리기도 한다.

바티바트를 물리치려면, 꿈속에서 바티바트를 만난 순간 발가락 끝을 움직여야 한다고 전해진다.

발발
Balbal

(필리핀)

　발발은 필리핀 전설에서 전해 내려오는 괴물이다. 발발은 장례식장이나 무덤 근처에서 발견되며, 시체를 훔쳐 먹고 산다.

　발발은 시체의 냄새를 맡을 수 있는 매우 예민한 후각을 지니고 있다. 날카로운 발톱과 이빨을 갖고 있어, 시체를 먹기 전 시체가 입고 있는 옷을 찢고, 시체를 갈기갈기 찢어서 먹는다.

　이들은 살아 있는 생물이 아닌 시체만을 먹기 때문에 발발이 주변에 나타난다면 입에서 나는 고약한 악취가 퍼져나간다. 발발은 시체를 발견하고 먹은 뒤에는, 시체가 들어 있던 관 속에 바나나 줄기를 넣어둔다. 그러면, 사람들은 관 안에 시체가 없어진 줄 모른다.

버그소크
Bugsok

(필리핀)

  버그소크는 필리핀 민담에서 전해 내려오는 수풀에 숨어 사는 사람 모습의 귀신이다. 외형은 사람과 비슷하지만, 검은 피부를 갖고 있으며 항상 물구나무를 서서 이동하는 기괴한 모습이다.

  그들은 개미나 거미 같은 숲속의 벌레들과 소통할 수 있으며 친하게 지낸다. 버그소크는 호기심이 많아 때때로 숲으로 놀러 오는 아이들과 어울리지만, 지능이 뛰어나지 않아 자신을 놀리는 아이들에게 자신과 똑같이 물구나무를 서야만 걸을 수 있도록 저주를 걸기도 한다.

  버그소크는 염력을 부릴 수 있는데, 숲을 지나는 사람들에게 작은 돌이나 나뭇가지 등 작은 물체를 날려 사람들의 몸 안으로 들어가게끔 하는 짓궂은 장난을 친다. 심할 경우, 심장, 폐, 위 같은 주요한 장기에 이물질이 삽입되어 생명을 잃는 경우도 있다.

  버그소크가 염력을 이용해 인체에 삽입된 이물질을 다시 빼내기 위해서는 버그소크를 전문적으로 다루는 주술사를 찾아가는 방법밖에 없다. 주술사를 통한 의식으로만 제거할 수 있으며, 의학적으로 제거할 경우에는 금세 장기 안에 이물질이 다시 발견된다고 한다.

번지승기스
Bungisngis
필리핀

  번지승기스는 필리핀 전설에 전해 내려오는 사람을 닮은 거인이다. 번지승기스는 외눈박이이며, 입에는 코끼리 상아 크기만 한 이빨이 하늘을 향해 돋아 있다. 눈이 하나밖에 없기 때문에 걷거나 뛸 때 균형을 잘 맞추지 못하여 자주 넘어진다고 전해진다. 하지만 청각이 매우 예민하게 발달되어 있어 아주 멀리서 들리는 작은 소리도 느낄 수 있다.

  번지승기스는 배가 고플 때 마을로 내려와 인간이 키우고 있는 소나 돼지 같은 가축들을 잡아먹는다. 하지만 생각보다 겁이 많고 멍청한 면이 있기 때문에 사람들이 크게 소리 지르며 기세 좋게 번지승기스에게 달려들면 금세 겁을 먹고 도망간다.

  번지승기스는 힘이 매우 세지만, 지능이 높지 않아 사람들은 번지승기스를 숲속에서 데려와 목장일이나 농장일을 시키기도 한다. 대가로 주기적으로 소나 돼지 등의 가축을 먹이로 준다.

베르베로카
Berberoka

(필리핀)

베르베로카는 필리핀 민담에서 전해 내려오는 괴물이다. 호수나 연못과 같은 민물에서 살며 물고기, 가재 등과 같은 생물들을 잡아먹지만, 때때로 사람들을 잡아먹는다고 전해진다. 베르베로카의 배는 무한대로 늘어날 수 있으며, 자신이 살고 있는 호수의 물을 한 방울도 남김없이 다 빨아들일 수 있다. 따라서, 자신이 살고 있는 호수의 위치를 옮기고 싶을 경우 호수를 통째로 입으로 빨아들여 자신이 살고 싶은 곳으로 이동하여 새로운 호수를 만들어낼 수도 있다.

베르베로카는 간혹 사람들을 잡아먹기도 하는데, 사람들을 사냥하기 위해 호수의 물을 입으로 빨아들여 바닥의 물고기 떼가 보이게끔 한 후 사람들을 유인한다. 수심이 낮은 호수에서 돌아다니는 거대한 물고기 떼들을 보고 사람들이 모여들면, 베르베로카는 자신이 빨아들였던 물을 한꺼번에 분출하여 사람들을 익사시키고 잡아먹는다.

베르발랑
Berbalang
(필리핀)

베르발랑은 필리핀 민담에서 전해 내려오는 식인귀이다. 베르발랑은 시체 먹는 것을 좋아하여 무덤에서 직접 파내어 먹는다. 가끔씩 살아 있는 인간의 맛에 대해 강한 열망에 사로잡히는데, 그럴 때면 하늘을 날아다니며 최면 등의 마법을 사용하여 살아 있는 인간을 사냥하기도 한다.

베르발랑은 '끙끙'거리는 듯한 신음 소리를 내며 날아다닌다. 또, 베르발랑의 눈은 어둠 속에서 반딧불처럼 반짝거려 인간이 멀리서 베르발랑을 본다면 금세 공포에 질려버린다. 베르발랑은 인간을 죽여 바로 먹기도 하지만, 인간들을 물어 베르발랑으로 변화시키기도 한다.

베르발랑을 무찌르기 위해서는 코코아 열매에서 간혹 발견되는 진주가 박힌 단검이나 라임 즙을 묻힌 칼로 찌르면 된다고 한다.

부소
Busaw
(필리핀)

부소는 필리핀 민담에서 전해 내려오는 겉모습이 인간과 거의 유사한 괴물이다. 부소는 인간처럼 농가에서 소나 돼지 같은 가축들을 기르며, 농작물을 경작하는 등 행동양식도 인간과 닮아 있다.

하지만 부소가 가장 좋아하는 음식은 바로 인간이며 인간 중에서도 시체를 좋아한다. 따라서 부소가 거주하는 지역 주변에는 해골이 자주 발견된다고 한다. 낮에는 인간처럼 행동하지만, 밤이 되면 모습을 바꿔 묘지 근처의 나무 위로 올라가 시체를 먹기 위해 이곳저곳을 둘러본다.

변화한 부소의 모습은 기본적으로 인간이지만 인간보다 거대한 몸집을 갖고 있으며 뾰족한 이빨과 갈고리 모양의 손톱, 긴 혀를 가지고 있다. 부소가 시체를 가져가지 못하게 하려면, 시체에 식초와 향이 강한 허브, 소금을 발라놓으면 된다고 한다.

수스터 응게솟
Suster Ngesot
(인도네시아)

 수스터 응게솟은 인도네시아 민담에서 존재하는 귀신이며, 간호사를 뜻하는 수스터(Suster)와 '미끄러지다, 바닥을 쓸며 움직이다' 등을 뜻하는 응게솟(Ngesot)의 합성어이다. 말 그대로 바닥을 쓸며 움직이는 간호사 유령을 가리킨다.

 인도네시아 자카르타에 위치한 한 병원에서 잔혹하게 강간당하고 살해된 간호사의 영혼으로 전해지는 수스터 응게솟은 밤이 되면 병원 복도 바닥을 이리저리 쓸며 배회한다고 한다. 강간을 당한 뒤 살해당했기 때문에, 수스터 응게솟은 마주치는 모든 사람들에게 자신의 원한을 풀려 하며 사람을 납치한 뒤 각종 의료 도구로 잔인하게 살해한다고 한다.

 수스터 응게솟으로부터 살아남으려면 뒤를 돌아보지 않고 무조건 앞으로 달려야 한다고 전해진다. 달리다가 뒤를 돌아보면 왜인지는 모르지만 수스터 응게솟과 거리가 계속 가까워지다가 결국 잡혀 죽임을 당한다고 한다.

수앙기
Suanggi

(인도네시아)

수앙기는 인도네시아 토벨로(Tobelo) 지역 민담에서 전해져 내려오는 여자 귀신이다. 수앙기는 살아생전 억울한 죽음으로 인해 분노와 슬픔으로 가득찬 사악한 영혼이다.

겉모습은 젊고 아름다운 긴머리를 가진 여자다. 수앙기는 자신의 외모를 이용하여 남성들을 유혹하여, 성관계를 갖기로 합의가 되면 남성의 성기를 절단한 뒤 살해한다고 알려져 있다. 혹은 성관계를 하고 나서 수앙기에 의해 살해되지 않은 남성은 이후 악몽에 지속적으로 시달리게 되며, 질병으로 사망한다고 전해진다.

수앙기는 2000년대 전후 기독교인들과 무슬림들 사이에서 일어난 종파 분쟁에서 사망한 토벨로의 무슬림 마을 지도자의 딸로 전해진다. 폭동 당시, 마을의 젊은이들은 그녀를 납치하여 강간하고 잔인하게 살해하였다. 그녀가 죽은 후 행방은 알려지지 않았고, 6개월이 지나서야 계곡 근처에서 잔인하게 훼손된 그녀의 시신이 발견되었다고 한다.

수에 사밍
Sue Saming

(태국)

수에 사밍은 태국 민담에서 전해지는 사람을 잡아먹으려고 배회하는 호랑이 귀신이다. 수에 사밍은 자신의 몸을 인간으로 바꾸어 인간들을 유인한다.

수에 사밍과 관련된 일화가 있다. 수에 사밍이 산다고 전해지는 숲 근처에 한 부부가 살고 있었는데, 남편은 사냥꾼이었다. 사냥꾼은 여느 때처럼 사냥을 하고 집에 돌아왔고 부인은 그를 맞이하였다. 하지만 임신을 한 부인의 눈빛이 평소와 달리 이상했고 말투도 어색했다. 이에 의심이 된 사냥꾼은 상황을 지켜보기 위해 나무 위로 올라가 부인의 행동을 몰래 살펴보았다. 남편을 발견한 부인은 남편에게 뭐 하냐며 빨리 내려오라고 말했고, 사냥꾼은 여러 가지 정황을 미루어보았을 때 그녀가 자신의 부인이 아님을 확신하였다. 그러곤, 자신이 갖고 있던 총으로 부인을 쏘았고, 비명 소리가 난 직후 머리에 총을 맞고 죽어 있는 수에 사밍을 발견했다고 한다. 안타깝게도 사냥꾼의 부인은 이미 수에 사밍에게 살해당한 뒤였다고 한다. 사냥꾼의 부인의 시체는 숲속에서 발견되었다고 한다.

순델 볼롱
Sundel Bolong
(인도네시아)

　순델 볼롱은 인도네시아 민담에서 전해지는 처녀귀신이다. 순델 볼롱은 긴 검은 머리와 흰색 드레스를 입고 다닌다. 그녀는 살아생전, 몸을 파는 창녀였으며 결혼하지 않은 상태에서 임신을 했다. 이후 잘 알려지지는 않았으나 불의의 사고로 아이를 낳지 못한 채 죽었다고 전해진다. 그녀의 등에는 큰 구멍이 뚫려 있는데 이는 그녀가 죽은 뒤 구멍을 통해 아이가 나왔기 때문이라고 전해진다.

　순델 볼롱은 주로 남성과 어린아이를 공격한다. 자신이 임신한 뒤 도망간 남성에 대한 분노로 남성들의 성기를 훼손하며, 자신이 죽은 뒤 잃어버린 아이에 대한 질투심으로 인해 다른 사람들의 갓난아기를 납치해간다고 한다.

시그빈
Sigbin
(필리핀)

시그빈은 필리핀 민담에서 전해지는 괴물이다. 시그빈은 작은 캥거루처럼 생겼고, 펄럭거리는 귀, 타는 듯한 붉은 눈, 채찍처럼 생긴 꼬리를 갖고 있다.

시그빈은 특이하게도 앞발과 뒷발이 거꾸로 되어 있어 뒤로 걷는 능력이 있으며, 마을에 거주하는 아이들을 주로 사냥하여 먹는다. 낮에는 숲속에 숨어서 잠을 자며, 밤이 되면 일어나 활동을 시작한다. 사람들과 마주치면 자신의 모습을 감출 수 있는 투명능력이 있지만, 시그빈의 몸에서는 왠지 모르게 악취가 나기 때문에 주변에 시그빈이 접근하면 금세 알아차릴 수 있다고 한다.

전설에 따르면, 시그비난(Sigbinan)이라는 종족은 시그빈을 소유하며 조종할 수 있는 힘을 갖고 있으며 평소에 시그빈을 진흙 항아리에 넣어 기른다. 시그비난 종족은 시그빈을 사용하여 자신들이 저주하고자 하는 대상을 공격하게끔 하거나 소중한 물건을 훔쳐오게 시키는 등 주로 나쁜 목적으로 사용한다고 전해진다.

아말란히그
Amalanhig
(필리핀)

아말란히그는 필리핀 민담에서 전해지는 괴물이다. 아말란히그는 죽은 시체가 오랫동안 변형되어 살아난 괴물이다. 그들은 무덤 속에서 기어나와 살아 있는 사람들을 사냥하며, 인간의 피를 좋아해 인간의 목을 물어뜯어 피를 빨아 먹고 죽인다고 한다. 만약 아말란히그로부터 도망친 사람이 있다면, 낮이든 밤이든 그들을 끝까지 추격하여 괴롭힌다고 한다.

아말란히그는 죽은 지 오래된 시체의 몸을 갖고 있기 때문에, 다리의 일부가 썩어 문드러져 일직선으로만 달릴 수 있다고 한다. 따라서 아말란히그로부터 도망치기 위해서는 지그재그로 뛰어 달아나야 한다. 또한, 아말란히그는 높은 곳으로 오르지 못하기 때문에 나무에 올라가는 것도 좋은 대피법이 된다. 반면에 물속에서는 자유롭게 움직일 수 있기 때문에 도망칠 때 호수나 강 속으로 뛰어들면 안 된다고 한다.

아모몽고
Amomongo

(필리핀)

아모몽고는 필리핀 민담에 전해 내려오는 유인원이며, 긴 손톱을 가진 사람만 한 크기의 털이 많은 유인원이다. 아모몽고는 필리핀 서부 네그로스(Negros) 섬의 칸라온(Kanlaon) 산기슭 화산지대 근처의 동굴에서 서식하며, 매우 폭력적이며 야생적이라고 전해진다.

2008년 6월 아모몽고가 목격되었다는 보고가 있으며, 마을 사람들을 공격하고 닭, 염소와 같은 가축의 배를 갈라 내장을 먹었다고 한다. 아모몽고의 공격을 받은 피해자들은 얼굴, 등, 복부 등 온몸에 타박상을 입었다고 한다. 살아남은 피해자들의 말에 따르면, 키가 약 1.6m 정도였으며, 손톱이 매우 날카롭고 마치 이성을 잃은 야생동물과 같았다고 전해진다.

일부 과학자들은 아모몽고는 그저 침팬지나 고릴라와 같은 동물일 가능성이 많다고 의견을 냈지만, 정체는 아직까지도 정확하게 밝혀지지 않았다.

아스왕
Aswang
(필리핀)

　아스왕은 필리핀 전설에서 등장하는 날개 달린 뱀파이어이다. 그들은 사람들의 내장과 피를 먹고 살며, 땅을 파서 땅속으로도 이동할 수 있다. 긴 혀와 날카로운 이빨을 갖고 있다. 평소에는 사람 형상을 하고 있다가 밤이 되면, 날개 달린 뱀파이어 외에도 개나 고양이 같은 야생동물이나 마녀 등으로 자신의 모습을 바꾸기도 한다. 아스왕은 일반적으로 묘지와 숲과 같은 장소에서 거주한다. 아스왕은 인육을 좋아하며, 특히 신생아를 먹기 좋아한다고 알려져 있다.

　아스왕을 무찌르기 위해서는 몇 가지 방법이 있다. 아이를 갓 낳은 집에서는 아스왕이 집 아래에 숨어 있는 것을 방지하기 위해 집 바닥 아래쪽에 날카로운 막대기를 설치해야 한다. 또한, 찬 바람을 맞고 보름달을 받아 자란 코코넛으로 기름을 만들어 문에 걸어놓기도 한다. 아스왕을 직접적으로 죽이기 위해서는 칼로 몸을 자를 때, 조각으로 잘라야 한다. 조각을 내어 자르지 않으면, 다시 결합하여 부활하기 때문이다.

알란
Alan

(필리핀)

　알란은 필리핀 민담에서 전해지는 새와 인간이 뒤섞인 외형을 갖고 있는 기형적인 귀신이다. 거대한 날개를 갖고 있으며, 얼굴에는 새의 부리가 있고 손톱과 발톱은 매우 날카롭다.

　알란은 유산된 태아가 섞인 피에 인간, 새 각각의 배설물 등을 섞어 주문을 외우면 태어난다고 한다. 그들은 주로 나무에 거꾸로 매달려 휴식을 취한다. 기형적인 외형과는 다르게 사람에게 해를 끼치지 않는다고 하며, 정글에서 길을 잃은 아이들을 입양하여 돌본다고 전해진다.

앙기타이
Anggitay
(필리핀)

앙기타이는 필리핀 민담에서 전해지는 상체는 여성의 모습, 하체는 말의 모습을 하고 있는 존재이다. 머리에는 유니콘과 같은 뿔을 하나 갖고 있다. 앙기타이는 필리핀의 휴양지로 잘 알려진 바탕가스(Batangas) 주에 서식했다고 전해진다.

앙기타이는 인간을 비롯한 모든 생물에 대해 극도로 경계를 하며, 겁이 많은 성격이라 목격된 사례가 거의 없다. 앙기타이는 숲에서 자신들끼리 조용히 어울려 풀을 뜯어 먹고 평화롭게 사는 것으로 알려져 있다.

앙기타이는 호기심이 많아 반짝반짝 빛이 나는 물체를 좋아하며 특히 광물이나 보석을 매우 좋아한다고 전해진다. 따라서, 간혹 앙기타이가 목격되는 일이 있으면 그 주변에는 항상 귀중한 보석들이 묻혀 있어 행운의 상징으로도 알려져 있다.

앙기타이는 비를 좋아하여, 비가 내리는 날이면 숲 이곳저곳을 뛰어다니며 자신들끼리 장난을 친다고도 전해진다.

오랑 미냐
Orang Minyak
(말레이시아)

　오랑 미냐은 말레이시아 민담에 전해지는 온몸이 검은 기름으로 뒤덮여 있는 남자 귀신이다. 오랑 미냐은 밤에 젊은 여성들을 납치하여 강간한다고 알려져 있는 악귀이다.

　오랑 미냐을 발견하더라도 온몸이 미끄러운 기름으로 칠해져 있기 때문에 쉽게 잡지 못한다. 오랑 미냐은 항상 젊은 여자들을 노리는데, 벌거벗은 채로 다니거나 속옷 하의만을 입는다고 한다. 따라서 오랑 미냐을 피하기 위해서는 여자들은 남성의 체취가 묻어 있는 옷을 입고 다녀야 한다고 전해진다.

옹 바 비
Ông Ba Bị
(베트남)

대부분의 베트남 사람들은 어렸을 적부터 옹 바 비의 존재에 대해 들어봤을 것이다. 옹 바 비는 아이들을 망태기에 잡아 납치해가는 노인으로 알려져 있다. 한국과 비교하자면 망태할아버지와 비슷한 존재이다. 흔히, 베트남에서 어른들은 울고 있는 아이에게 "계속 울면, 옹 바 비가 너 잡으러 온다!" "야채 안 먹으면 옹 바 비가 와서 혼쭐을 내줄 거야"와 같은 말을 하며 아이를 겁주곤 한다.

옹 바 비는 어른들이 아이들을 겁주어 달래기 위해 만들어낸 상상 속의 존재로 추정된다. 민담에 따르면, 옹 바 비는 3개의 망태기를 짊어지고, 12개의 노끈을 항상 어깨에 메고 다닌다. 노인의 모습을 하고 있으며, 12개의 눈을 갖고 있어 멀리서도 아이들을 쉽게 발견할 수 있다.

옹 바 비는 17세기 베트남에 기근이 만연했던 시절, 아이들을 잡아 파는 것으로 돈을 벌던 사람들로부터 유래되었다는 설이 있다. 하지만 이것은 역사적으로 확인된 사실이 아니며, 옹 바 비의 존재 또한 불확실하다. 하지만 불확실하다는 것은 존재할 수도 있다는 가능성을 배제하지 않는다.

왁왁
Wakwak
(필리핀)

왁왁은 필리핀 민담에서 전해지는 깃털이 많은 날개를 갖고 있는 거대한 새로, 검은색 깃털들은 칼처럼 뾰족하게 솟아 있다. 왁왁이라는 이름은 날갯짓을 할 때, '왁왁' 소리가 난다고 하여 붙여졌다. 왁왁은 얼핏 보면 까마귀의 모습을 하고 있지만 까마귀보다 좀 더 소름끼치는 외형으로 사람들에게 공포를 느끼게 한다.

왁왁은 자신보다 작은 새들이나 심지어는 토끼, 다람쥐 등과 같은 들짐승들을 잡아먹기도 하지만 때때로 인간들을 사냥하여 먹이로 삼는다. 인간을 한 번이라도 잡아먹은 왁왁은 그 맛을 잊지 못하고 다른 생물은 쳐다보지도 않은 채 인간만을 사냥한다고 전해진다.

왁왁으로부터 안전하게 대피하기 위해서는 횃불을 사용하여 위협하거나, 집 안팎에 소금과 마늘을 뿌려놓아야 한다.

우시칸
Usikan
(필리핀)

우시칸은 필리핀 민담에서 전해지는 언어를 통해 해를 끼치는 흑마법사이다. 우시칸은 사람뿐만 아니라 식물, 동물 그리고 무생물에도 영향을 미칠 수 있다. 그들의 저주 방법은 매우 특이한데, 바로 자신이 저주하는 대상을 '칭찬'하는 것이다. 겉으로는 호의를 베풀며 칭찬하는 말을 하지만, 상대방이 칭찬을 듣고 방심한 사이 저주를 내린다. 우시칸으로부터의 저주를 피하기 위해서는 낯선 사람이나 이유 없는 호의를 베푸는 사람들을 멀리하고, 만약 의심스러운 칭찬의 말을 들었을 경우 '포웨라 부약(Powera Buyag)'이라는 주문을 외워야 한다.

우시칸은 다른 유형의 흑마법사들과는 달리 선천적으로 힘을 획득하며, 우시칸들은 검은색의 혀와 이빨을 갖고 있다고 전해진다. 역설적이게도, 우시칸의 저주는 의도하든 의도하지 않든 남에게 피해를 끼치며 이에 따라 우시칸 스스로도 자신이 남에게 저주를 내리고 있다는 사실을 모르는 경우도 종종 있다고 한다.

웨웨 곰벨
Wewe Gombel
(인도네시아)

웨웨 곰벨은 인도네시아의 전설에 등장하는 여성 귀신이다. 그녀는 길고 축 처진 가슴을 가진 유인원을 닮은 여성으로 묘사되며, 흡혈귀와 같은 송곳니가 있다고 한다.

전설에 따르면, 한 부부가 곰벨(Gombel) 지역에 살고 있었는데, 결혼한 지 몇 년이 지나도 아이가 생기지 않자 아내가 불임임을 알게 되었다. 남편은 이에 실망하여, 아내를 버리고 집을 나가게 되었다. 어느 날, 아내는 남편이 다른 여성과 성관계를 하고 있는 것을 목격하였고, 매우 분노하여 남편을 그 자리에서 죽였다. 그녀의 범죄를 목격한 마을 사람들은 그녀를 비난하며 마을에서 내쫓았고, 결국 그녀는 절망감에 빠져 스스로 목숨을 끊었다. 그녀가 죽고 나서 웨웨 곰벨이 되었다.

웨웨 곰벨은 주로 야자수에 사는 것으로 전해지며, 아이들을 납치한다고 한다. 하지만 납치한 아이들을 죽이거나 잡아먹는 것이 아닌, 자신의 둥지에서 정성스레 키우며 보호한다고 한다. 아이들도 그녀에게 납치당하면 그녀를 두려워하지 않는다고 한다. 대부분의 납치당한 아이들은 부모로부터 학대를 받거나 방치된 상태라고 한다. 아이들의 부모가 회개하거나 아이들이 스스로 독립할 수 있는 시기가 되면, 아이들을 다시 돌려준다고 한다.

젬발랑 타나
Jembalang Tanah
(말레이시아)

젬발랑 타나는 말레이시아 전설에 따르면 숲에 거주하는 정령이다. 젬발랑 타나는 성격이 매우 예민하기 때문에 낯선 사람들이 자신이 거주하는 지역을 탐험하거나 경작하려 하는 등 방해를 할 때에는 그들에게 물리적이나 정신적인 방법으로 해를 입힌다. 젬발랑 타나는 사나운 야생동물을 조종한다든지, 계곡의 물을 범람시킨다든지, 산사태를 일으키는 등의 방법을 사용하여 사람들에게 분노를 표현한다.

젬발랑 타나가 분노하는 것을 막기 위해서는 낯선 땅에 들어가기 전 음식을 주변 지역에 차려놓고 간단한 의식을 치러야 한다고 전해진다. 이러한 의식을 치른다면, 오히려 젬발랑 타나는 자신의 지역에 들어오는 사람들을 안전하게 보호해준다.

젠글롯
Jenglot

(인도네시아) (말레이시아)

    젠글롯은 밀림에서 발견되는 뱀파이어를 닮은 작은 주술인형이다. 크기는 최대 12cm 정도이며, 인도네시아와 말레이시아 숲에서 종종 발견된다고 한다. 외형은 여자로, 사람처럼 머리, 눈썹 등의 털이 길게 자라 있고, 길고 날카로운 이빨과 손톱을 갖고 있다.

    젠글롯은 초자연적인 힘을 갖는다고 여겨지는데, 젠글롯을 소지하고 있는 사람들은 큰돈을 벌거나 행운을 얻을 수 있다고 전해진다. 반대로, 자신이 싫어하는 상대를 저주할 수도 있다고 한다. 따라서 습득된 젠글롯은 시장에서 비싼 가격에 판매된다고 한다.

    젠글롯이 마법력을 잃지 않으려면 동물의 피나 사람의 피를 지속적으로 먹여야 한다고 알려져 있다. 한 연구자는 젠글롯의 DNA를 분석한 결과 사람의 것과 동일한 DNA가 검출되었다고 주장하였으며, 원래 사람이었을 가능성도 배제할 수 없다고 말하였다.

차이 칼레인 마
Chay Kalein Ma

(미얀마)

　차이 칼레인 마는 미얀마 민담에서 전해지는 여자 귀신이다. 그녀의 다리는 변형되어 뒤틀려 있으며, 여학생 기숙학교의 화장실에 거주한다. 다리가 변형된 이유는 정확히 밝혀지지 않았으나, 학교를 다니다가 자신이 원하던 대학교에 진학하지 못하자 이를 비관하고 투신자살을 했고 다리 모양이 뒤틀린 채로 죽었다고 전해진다.

　여학생들이 늦은 밤 화장실을 이용할 때, 학생들을 놀래키며 끝까지 따라와 화장실로 끌고 간다고 한다. 차이 칼레인 마로부터 살아남기 위해서는 두 가지 방법이 있는데, 첫째는 그녀가 나타났을 때, 일직선이 아닌 지그재그로 뛰어가는 것이며, 두 번째는 이불 속으로 들어가 그녀와 똑같이 다리를 꼬는 것이라고 한다.

카발란
Kabalan
(필리핀)

카발란은 필리핀 민담에서 전해지는 인간의 얼굴을 하고 있는 말이다. 카발란은 숲에서 서식하며, 성격은 온순한 편이다. 카발란은 자신들끼리 떼를 지어 살며, 풀이나 나뭇잎 등을 뜯어 먹으며 지낸다.

카발란은 인간에게도 우호적인 태도를 갖고 있으며, 숲에 놀러 오는 인간들에게 접근하여 맛있는 열매나 허브와 같은 약재료를 가져다준다. 또한, 무거운 짐을 들고 있는 인간을 보면 자신들의 등에 짊어지고 짐을 대신 옮겨주기도 한다.

하지만 인간들이 숲을 경작하기 위해 카발란들이 살고 있는 지역에 들어와 그들을 쫓아내려 한다거나 그들을 해치고 겁을 주려 한다면 그들은 분노하여 저주를 내린다. 카발란의 저주에 걸리면 죽을 때까지 심각한 질병에 시달린다고 전해진다.

카프레
Kapre

(필리핀)

카프레는 필리핀 민담에서 전해지는 2-3m의 신장을 갖는 거인이며, 붉은 눈에 짙은 색에 털이 많은 근육질 괴물이다. 카프레는 매우 강한 체취를 풍기며, 아카시아, 망고 나무 등에 앉아 담배를 피우는 것을 즐긴다.

카프레는 바하그(Bahag)라고 알려진 필리핀 원주민의 허리띠를 착용한다고 하며, 사람들에게 보이지 않을 수 있는 투명 능력을 갖고 있다. 또한, 카프레는 손에 메추리알 정도 크기의 작은 조약돌을 항상 들고 다니는데, 우연히 숲에서 이 돌을 주운 사람에게는 소원을 들어준다고 한다.

카프레는 밤에 주로 활동하며, 성격은 온순한 것으로 알려져 있지만 그가 살고 있는 나무를 베려 한다면 사납게 공격한다고 한다. 장난치는 것을 좋아하여, 여행자들이 길을 헤매게 만드는 등 짓궂은 장난을 치기도 한다.

콩 코이
Kong Koi

(태국) (라오스)

   콩 코이는 태국과 라오스의 정글에서 등장하는 귀신이다. 콩 코이는 한쪽 다리로 뛰어다니며, '코이, 코이, 코이!'(배고프다!)라고 외친다고 한다. 콩 코이의 이빨은 짐승처럼 날카로우며, 전체적인 외형은 원숭이와 비슷하다고 한다. 콩 코이는 부풀어 오른 배, 짙은 갈색 피부, 어둡고 산발이 된 머리카락, 통통한 코를 갖고 있다. 콩 코이는 정글에서 짐승이나 잠을 청하고 있는 여행자들에게 접근하여 피를 빨아 먹는다.

  콩 코이의 정확한 정체는 알려지지 않았으나, 문명과 단절된 피부색이 검은 원주민을 착각하여 콩 코이라고 부른다는 설이 있다. 콩 코이들이 정글에 온 사람들에게 적대적인 이유는 자신들의 거주지에 침입했다고 생각하기 때문이며, 근처에 접근하는 민간인들을 공격한다고 전해진다.

쿠도 쿠도
Kudo Kudo

(필리핀)

쿠도 쿠도는 필리핀 민담에서 전해지는 귀신이다. 쿠도 쿠도는 거지와 같은 몰골을 하고 있으며, 머리는 산발을 한 채 돌아다니는 귀신이다. 쿠도 쿠도의 주변에는 항상 모기나 파리가 날아다니며, 몸에서 엄청난 악취를 뿜어낸다. 피부색은 검은 편이다. 그들은 습하고 어두운 장소에서 서식하며, 사람들이 집을 비운 사이 몰래 침입하여 음식 등을 훔쳐 먹는다고 한다.

쿠도 쿠도는 겁이 많아 인간들에 직접적으로 맞서지는 않으나, 자신들을 해치려는 인간들이 있다면 몰래 그들 뒤를 따라다니면서 모기나 파리와 같은 해충을 풀어놓거나 그들의 물건이나 옷에 똥과 같은 오물을 묻혀놓기도 한다.

쿠도 쿠도가 집에 몰래 들어오는 것을 막기 위해서는 집을 항상 깨끗하게 유지하고 정리정돈을 해놓아야 한다고 전해진다. 쿠도 쿠도는 깨끗한 환경에 어색함을 느끼기 때문에, 너무 깨끗하면 오히려 거부감을 느껴 도망간다.

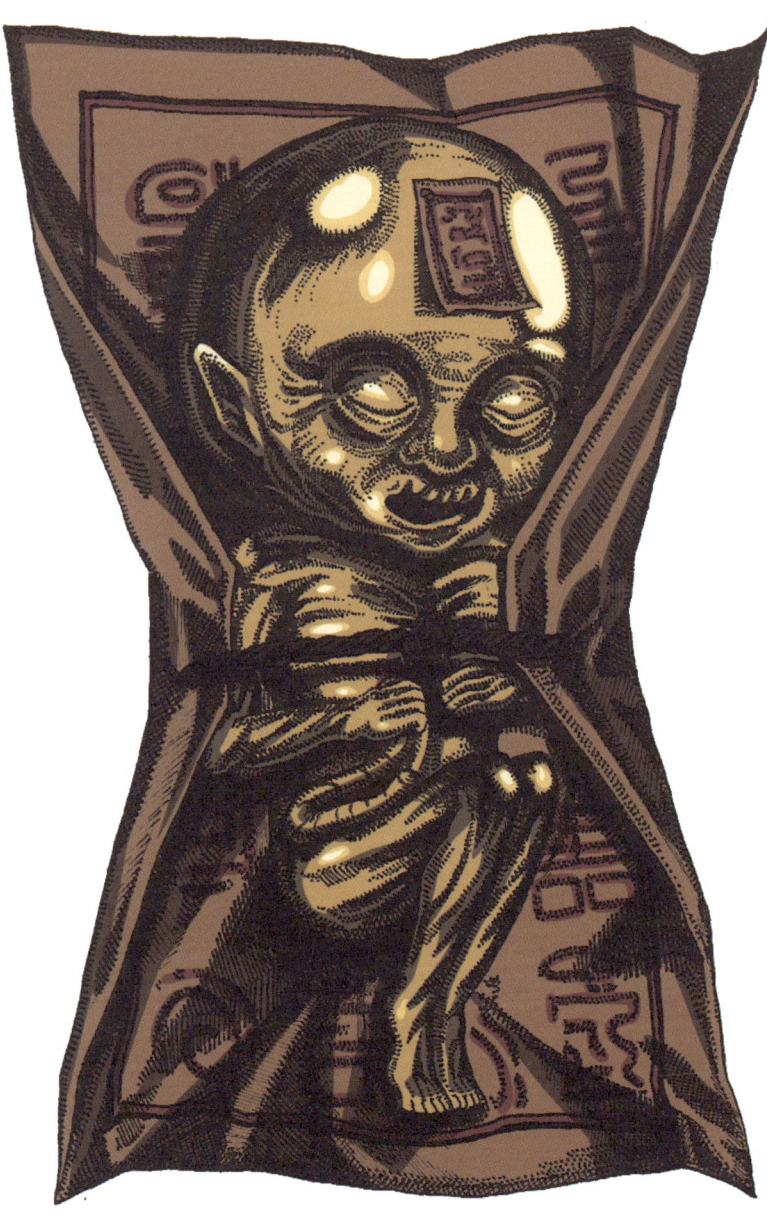

쿠만 통
Kuman Thong
(태국)

쿠만 통은 태국의 민담에서 전해지는 어린 소년의 외형을 하고 있는 귀신이자 인형의 형태로 머물러 있는 존재이다. 쿠만 통은 자신을 숭배하는 주인을 위해 행운과 재물을 가져다준다고 믿어진다. 쿠만 통은 언뜻 보면 밝은 기운을 갖고 있는 귀신 같지만 그들이 만들어지는 과정은 그렇게 밝지 않다. 쿠만 통은 알고 보면 사산된 아이의 시신을 건조시킨 것이기 때문이다.

쿠만 통은 자궁에서 태어나지 못하고 죽은 사산아로부터 창조된다. 먼저 흑마법사가 사산된 아이를 꺼내어 공동묘지로 간다. 사산된 아이는 공동묘지 근처에서 일정 기간을 건조시킨 뒤, 주문을 외우며 의식을 치른다. 의식이 끝나면, 쿠만 통을 오랫동안 보존하기 위해 금을 섞어 옻칠을 한다.

실제로 쿠만 통이 행운을 가져다준다고 믿기에, 사람들은 사산된 태아를 거래하거나 심지어 임산부를 살해하여 배 속에 있는 아이를 꺼내는 엽기적인 범죄도 이루어진다고 한다.

쿨라리우트
Kulariut
(필리핀)

쿨라리우트는 필리핀 민담에서 전해지는 괴물이다. 쿨라리우트는 일단 목격하기 매우 힘든 괴물이다. 그들의 온몸은 검은 털로 뒤덮여 있으며, 눈이 크고 수염은 하얗다. 유인원과 비슷하지만 성격은 매우 온순하여 다른 생물들에게 해를 끼치지 않으며, 대나무 숲에서 서식한다.

대나무 숲 주변에 사람들이 집을 짓고 살게 된다면, 쿨라리우트는 그들이 자고 있을 때, 창문 등을 통해 관찰하러 다가온다. 집을 구경하다가 집 안이 정돈이 되지 않거나, 집을 보수해야 할 부분 등이 있다면 쿨라리우트는 아무런 대가 없이 청소를 하고 집을 고쳐놓는다.

하지만 쿨라리우트는 경계심이 많고 겁이 많기 때문에 사람과 마주친다면 겁을 먹고 금세 도망을 친다. 쿨라리우트에게 감사를 표하기 위해 사람들은 과일이나 견과류 등을 쿨라리우트가 사는 대나무 숲에 놓고 온다. 다음 날 갔을 때, 전날 놓은 과일과 견과류 등이 없어졌다면, 쿨라리우트가 먹은 것으로 생각한다.

크라수
Krasue

> 동남아시아 전역

크라수는 태국, 캄보디아, 라오스, 인도네시아, 말레이시아 등 동남아 전역에서 유명한 여성 귀신이다. 평소에는 젊고 아름다운 여성으로 지내다가 밤이 되면, 머리가 몸에서 떨어져 나와, 목과 그 아래에 장기가 매달린 형태로 날아다닌다. 심장, 폐, 내장에는 피가 묻어 있으며, 빛이 난다고 한다. 크라수의 치아는 뾰족하다고 한다.

크라수는 저주를 받아 항상 굶주림에 시달리며 밤이 되면 굶주림을 채우기 위해 사냥을 나간다. 뾰족한 이빨을 사용해서 소나 닭과 같은 가축들을 사냥해서 피를 빨아 먹고, 장기들을 꺼내어 먹는다. 간혹, 살아 있는 가축을 발견하지 못할 경우 가축들의 대변이나 썩은 고기를 대신 먹는다고 한다.

전설에 따르면, 크라수는 가축뿐만 아니라 몸에 부상을 당해 피를 흘리는 사람들에게 접근해 피를 먹기도 한다. 이를 막기 위해서는, 집 주변에 뾰족한 울타리를 설치해야 한다. 크라수는 자신의 장기가 울타리에 훼손될 것을 두려워해 집 안으로 들어가지 못한다고 한다.

크라항
Krahang
(태국)

크라항은 태국에서 유명한 귀신이며, 크라수가 목격되는 지역에서 함께 목격되는 귀신이다. 크라항은 크라수의 남편으로도 알려져 있다.

크라항은 남자귀신이며, 태국 전통 바지만 입은 채 크라동(Kradong)이라 불리는 쌀 바구니 2개를 양팔에 달고 양다리 가운데에는 삭 탐 카오(Sak tam khao)라 불리는 쌀을 빻는 절구를 타고 날아다닌다.

크라항은 낮에는 마을에서 일반 남성의 모습으로 평범한 생활을 하다가 밤이 되면 모습을 바꿔 활동을 시작한다. 크라항의 눈은 반짝반짝 빛나며, 피에 굶주려 있기 때문에 밤에 홀로 거리를 거닐고 있는 사람을 습격하여 피를 빨아 먹는다. 사람 외에도 동물의 사체나, 음식물 쓰레기와 같은 더러운 것들을 먹는다고 알려져 있다.

크와이 타누
Khwai Thanu

(태국)

크와이 타누는 일종의 마법을 위한 도구이다. 외형은 들소의 모습을 하고 있다. 태국인들은 크와이 타누의 흑마법이 아프리카의 부두교에서 영향을 받았다고 믿는다. 크와이 타누는 태국의 남부와 동북부에서 유명하며, 태국의 무당들은 크와이 타누를 상대방을 공격하는 흑마법에 사용한다. 크와이 타누를 활용하는 흑마법은 매우 강력하여, 이를 방어하기 위해서는 더 강력한 흑마법을 외워야 한다.

특히, 크와이 타누를 이용하여 흑마법을 외우기 위해서는 크와이 타누를 정신적인 영역에서 길들여야 하는데 만약 실패한다면 오히려 자신이 저주를 받아 치명상을 입을 수 있다.

크와이 타누를 만들기 위해서는 나무가 필요한데, 나무는 시체를 태우는 '화장'에 사용된 것이어야만 한다. 특히, 화요일에서 금요일에 죽은 시체를 태우고 남은 나무로 만들어야만 가장 강력한 마법을 만들어낼 수 있다고 한다. 나무로 조각을 한 이후 시체를 감싸고 있던 금박으로 크와이 타누의 겉을 장식하고, 목과 가슴 부위에 부적을 부착하면 흑마법을 외울 준비가 끝난다.

타고 응기리
Tago Ngiri

(필리핀)

타고 응기리는 필리핀 민담에서 전해지는 귀신이며, 아이들이 들판에서 숨바꼭질을 할 때, 목격되는 귀신이다. 숨바꼭질을 하는 아이들이 수풀에 숨으면 술래는 누군가가 숨어 있는 것을 보고 다가간다. 잡았다고 몸을 만지는 순간 뒤를 돌아보는 것은 자신의 친구가 아닌 타고 응기리일 가능성이 높다.

타고 응기리는 아이들을 납치하여 직접 잡아먹거나 자신의 잡일을 하는 노예로 부린다. 타고 응기리는 겁이 많은 아이들 앞에서만 큰 힘을 낼 수 있기 때문에, 타고 응기리를 마주치더라도 겁을 먹지 않고 당당하게 소리를 지르거나 맞선다면 타고 응기리는 기세에 눌려 도망간다고 전해진다.

타옹 투오드
Taong Tuod

(필리핀)

 타옹 투오드는 필리핀 민담에 전해지는 사람의 영혼에 사로잡힌 나무 귀신이다. 살아생전 살인이나 각종 범죄를 저지른 사람이 저승으로 가지 못하고 떠돌다가 나무에 깃들면 타옹 투오드가 된다고 알려져 있다.

 타옹 투오드는 사람처럼 자유롭게 움직일 수 있으며, 나뭇가지를 팔처럼 사용하여 주변을 지나는 사람이나 동물들을 잡을 수 있다. 특히, 타옹 투오드의 덩굴은 길이가 늘어나 사람의 몸통이나 팔, 다리를 감아 압박하여 사람을 죽일 수 있다.

 타옹 투오드는 주변을 지나는 동물과 사람을 직접 사냥하여 먹는다. 낮에는 일반 나무와 같이 위장을 하고 있다가 밤이 되면 본격적으로 활동을 시작한다. 동물과 사람을 많이 잡아먹을수록 타옹 투오드의 나뭇가지에는 탐스러운 열매가 열리는데 그 향기가 탐스러워서 주변을 지나는 동물과 사람들이 쉽게 유혹된다. 타옹 투오드를 무찌르기 위해서는 낮에 위장하고 있는 타옹 투오드를 찾아 베어버리면 된다고 한다. 타옹 투오드를 찾아 베면 소름끼치는 비명 소리가 들리면서 나무에서 피가 흘러나온다고 한다.

탈라히앙
Talahiang
(필리핀)

탈라히앙은 필리핀 민담에서 전해지는 키 180cm 정도의 인간과 비슷한 외형을 가진 귀신이다. 그는 곱슬머리에 굵은 입술과 큰 치아, 그리고 파충류의 눈을 갖고 있다. 그는 정글의 깊은 곳에서 살며, 나무 꼭대기에 숨어있다.

탈라히앙은 숲을 지나는 사람들이 길을 잃도록 장난 치는 것을 좋아한다. 탈라히앙은 인간들에 대해 호기심이 많기 때문에 장난을 치기도 하지만 인간의 모습으로 그들 앞에 나타나 평소에 궁금했던 점들을 직접 질문한다고도 전해진다. 하지만 여전히 파충류의 눈을 하고 있어, 눈을 자세히 보면 탈라히앙의 정체를 금세 알 수 있다.

탈라히앙은 생각보다 겁이 많아 큰 소리가 나면 겁을 먹는다. 겁을 먹은 탈라히앙은 자신의 몸을 도마뱀으로 바꿔 수풀 속으로 도망간다.

토욜
Toyol

(싱가포르) (말레이시아)

　토욜은 싱가포르와 말레이시아 민담에 전해지는 귀신이다. 토욜은 아주 어린 나이에 죽은 아이의 영혼이다. 토욜은 벌거벗은 유아의 모습을 하고 있으며, 피부는 녹색을 띤다. 그리고, 뾰족한 귀, 날카로운 이빨이 특징이다.

　토욜은 주로 흑마법사나 무당들의 조력자로 활동을 하는데, 주로 다른 사람들의 재산을 몰래 빼앗거나 자신의 적을 놀래키기 위해 활용된다. 토욜은 귀중품을 매우 좋아하는데, 유아의 성향을 갖고 있기 때문에, 토욜로부터 귀중품을 지키기 위해서는 귀중품 옆에 사탕이나 장난감을 놓아두면 된다고 한다. 토욜이 귀중품을 훔치러 접근했을 때, 사탕이나 장난감을 보면 집중력이 흐트려져 자신이 받은 임무를 잊어버리기 때문이다.

　토욜을 조종하는 주인은 부자가 될 수 있지만, 재물을 위해 가족 구성원들의 건강, 행복을 희생해야 한다고 전해진다.

트한 트렁
Thần Trùng
(베트남)

트한 트렁은 베트남 민담에서 전해지는 새 귀신이다. 핏빛이 도는 붉은 부리를 가진 검은 새의 머리를 가지고 있으며, 몸은 사람의 것이다. 주로 무덤 근처에서 서식한다고 알려져 있으며, 갓 죽어서 무덤에 묻힌 영혼들을 불러내어 고문하고 괴롭힌다고 알려져 있다.

트한 트렁은 병에 걸려 건강하지 못한 사람을 사냥해 잡아먹는데, 직접 사냥하기보다는 갓 죽은 영혼들에 악령을 주입하여 멀리서 조종해 인간을 사냥하게 한다. 때때로 자신이 직접 사냥을 할 때도 있는데, 트한 트렁이 거대한 날개를 펼쳐 사냥감으로 정한 상대를 감싸 끌어안은 다음, 날개로 높은 곳에서 떨어뜨려 죽인 후 먹는다고 한다.

트한 트렁의 공격으로부터 살아남더라도 병이 더욱 깊어지거나 악몽을 꾸는 등 계속해서 시달리다가 결국 죽음에 이른다고 한다.

펠레시트
Pelesit

(말레이시아)

　펠레시트는 말레이시아 민담에서 전해지는 메뚜기 혹은 귀뚜라미의 형체를 하고 있는 영혼이며, 갓 땅에 묻힌 시체의 혀로 만들어진다. 펠레시트는 살해된 피해자의 피로 만들어진 폴롱과 관련이 있다. 폴롱을 통해 누군가에게 저주가 발동되면, 저주의 대상이 된 사람에게 펠레시트가 접근한다. 펠레시트는 저주가 걸린 사람의 입이나 귀 등으로 들어가 우는데 이는 폴롱의 저주가 올바르게 도달할 수 있도록 소리를 통해 일종의 내비게이션 역할을 하는 것이다. 펠레시트가 내는 소리를 듣게 되면, 저주의 타깃이 된 사람은 정신이 혼미해지기 시작한다.

　펠레시트를 사용하지 않을 때 주인은 펠레시트를 병에 보관하고 정기적으로 강황을 섞어 만든 쌀이나, 약지에서 낸 피를 먹인다. 주인이 더 이상 펠레시트를 사용하길 원치 않을 때는 땅속에 묻는다. 펠레시트는 여자만이 소유할 수 있다고 전해진다.

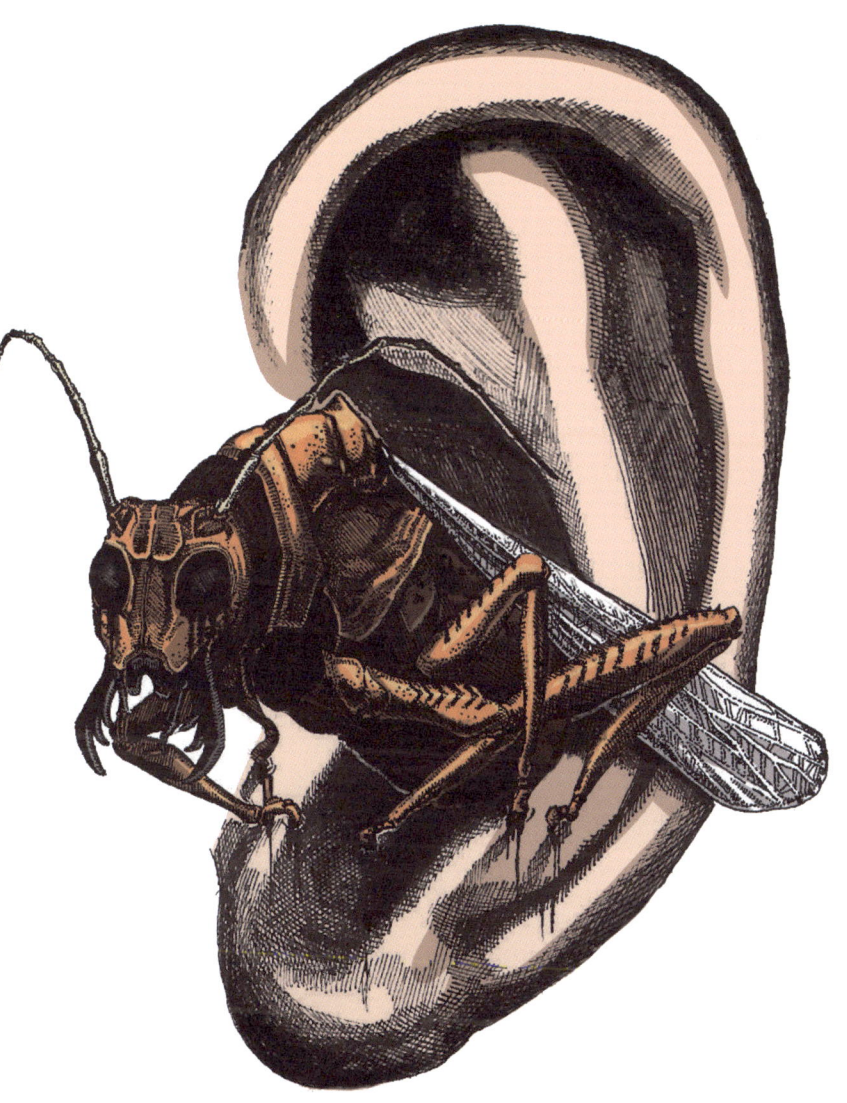

포네기 타예
Phonegyi Thaye

미얀마

포네기 타예는 미얀마 민담에서 전해지는, 승려가 죽어 형성되는 귀신이다. 포네기 타예는 성불하지 못하고 이승을 떠돌며, 승려가 입는 천을 두르고 다닌다. 그들의 뒷모습은 키가 매우 큰 승려처럼 생겼으나, 고개를 돌리면 하얀 해골이 드러나며 큰 귀, 긴 혀, 뾰족한 송곳니를 갖고 있다. 주로 자정 전후로 활동을 시작하며, 포네기 타예를 목격한 사람들에게 질병을 옮긴다.

포네기 타예로부터 도망치기 위해서는 지그재그로 뛰면 된다고 하는데 특별한 이유는 전해지지 않는다. 이렇게 도망가도 다시 잡힌다면, 불경을 외우면 된다고 한다. 하지만 이마저도 통하지 않을 수 있으니 늦은 밤에 마을을 배회하지 않는 편이 좋다.

포쫑
Pocong

(인도네시아) (말레이시아)

포쫑은 인도네시아, 말레이시아에서 목격되며 무슬림을 기반으로 한 귀신이다. 포쫑은 머리부터 발끝까지 카인 카판(Kain Kafan)이라고 하는 죽은 사람의 시신을 감싸기 위한 천으로 둘러싸여 있다. 전통에 따르면, 죽은 사람의 영혼은 40일 동안 지구에 머무른 뒤, 하늘로 올라가야 하는데 온몸을 감싸고 있는 천의 매듭이 풀리지 않으면 그 안에 갇힌다고 한다. 이렇게 되면, 하늘로 가기 위해 천의 매듭을 풀어달라고 사람들에게 요청하기 위해 무덤 속에서 뛰쳐나온다. 이들을 포쫑이라고 부른다.

포쫑은 죽은 날에 따라 신체 부위의 부식 정도가 다르기에 각각 모양새가 조금씩 다르다. 그들은 발에 묶인 천의 매듭 때문에 걷지 못하여, 땅 위를 떠다닌다. 포쫑은 특별한 이유가 있지 않는 한 사람들을 괴롭히거나 사람들에게 해를 입히지 않는다. 하지만 간혹가다 원한을 갖고 죽어 만들어진 포쫑은 사람들에게 접근하여 전염병을 퍼뜨리기도 한다.

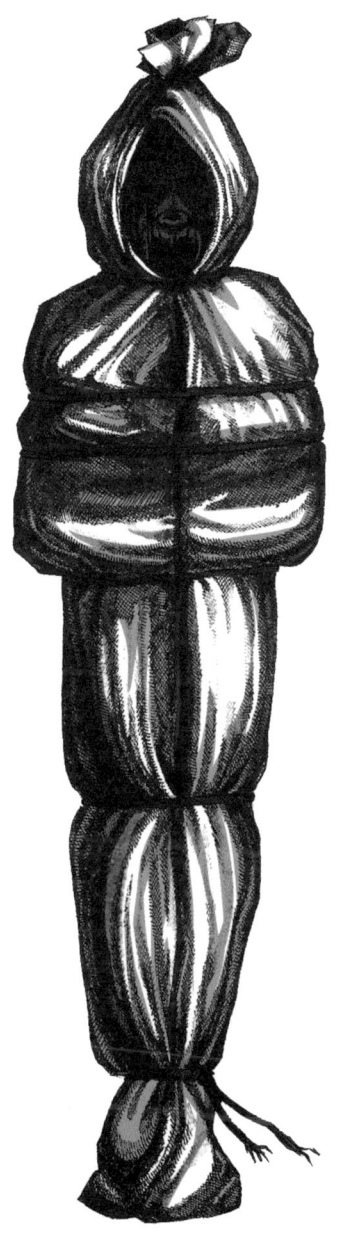

포테
Phote

(미얀마)

포테는 미얀마 민담에서 전해지는 갓 사망한 병자의 몸을 차지하는 악의적인 귀신이다. 불치병에 걸린 환자들만을 찾아다니며, 그들이 죽게 되면 몸을 차지해 인간 세계를 돌아다닌다. 따라서 겉으로 보면 마치 불치병에 걸린 환자가 갑작스럽게 건강을 회복한 것처럼 생각할 수 있다. 하지만 포테에게 사로잡힌 병자의 시체는 자신을 돌보던 간병인들의 호의를 이용하여 결국 그들을 죽이고 피를 빨아 먹는다.

포테는 사람의 피뿐만 아니라 각종 동물의 생살을 먹는 것을 좋아한다.

폰티아낙
Pontianak

(싱가포르) (인도네시아) (말레이시아)

　폰티아낙은 싱가포르, 말레이시아, 인도네시아 등에서 목격되는 귀신이다. 배 속에 태아를 잉태한 채 죽음을 맞이한 여자 귀신으로 창백한 피부, 붉은 눈, 긴 검은 머리를 갖고 있고, 피로 물든 하얀 드레스를 입고 다닌다.

　폰티아낙은 하늘을 날 수 있으며, 면도칼처럼 날카로운 손톱을 지니고 있어 발견하는 사람에게 다가가 배를 가른다고 한다. 특히, 임신 중 남편에게 겪은 나쁜 기억으로 인해 남성들을 주로 공격하며 배를 가르고 성기마저 잘라버린다고 한다. 여자들을 공격하는 경우도 있는데, 처녀를 주요한 대상으로 삼으며 흑마법을 통해 처녀가 고통에 빠지게 할 수 있다. 흑마법에 걸린 처녀는 자궁에서 피가 멈추지 않고 흘러내린다고 한다.

　폰티아낙은 주로 바나나 나무 근처에서 발견된다고 한다. 폰티아낙은 해가 진 후 활동하기 때문에 출몰 지역의 주민들은 밤이 되면 밖으로 나가지 않는다. 폰티아낙은 자신이 사냥한 사람들의 피를 마시며 생활한다.

　폰티아낙을 무찌를 수 있는 방법은 그녀의 목에 못을 박는 것인데, 그렇게 함으로써 그녀는 온순하고 다정한 여성의 모습으로 변한다고 한다.

폴롱
Polong
(말레이시아)

　폴롱은 말레이시아에서 전해지는 일종의 병에 갇힌 영혼인데, 살인을 당한 피해자의 피를 병에 담아 2주간 주문을 외워 만들어진다. 폴롱은 평소에는 병에 담긴 피의 모습을 하고 있지만, 본 모습은 손가락 한 마디 정도 되는 크기의 여성의 모습이라고 한다.

　폴롱을 만든 주인은 매일 자신의 일정량의 피를 폴롱에게 주어야 한다. 폴롱을 만드는 이유는 특정 인물을 지목하여 저주하기 위함이다. 주인이 직접 할 수도 있으며, 타인에게 돈을 받고 저주를 의뢰받는 경우도 있다.

　폴롱에 의해 저주에 걸린 사람의 전조 증상은 몇 가지가 있다. 일단 폴롱을 사용해 누군가에게 저주를 걸면 메뚜기나 동물 같은 생물체들이 저주의 대상 근처를 맴돈다. 저주가 본격적으로 발동되기 시작하면, 정신 이상 증세를 보이며 폭력적으로 변한다. 주변 사람을 알아보지 못해 마구 폭행을 하며, 눈과 귀가 멀고 혼이 나간다. 시간이 지나면 온몸에 멍이 들기 시작하며, 입에서 피가 흘러나온다.

　폴롱의 저주를 풀기 위해서는 무당이 굿을 해야 한다. 굿을 통해 폴롱의 주인이 누군지 추궁하여 알아내 주인을 저지해야 한다. 이를 밝혀내지 못하면 저주에 걸린 사람은 저주에 걸린 지 2-3일 내로 사망하게 된다.

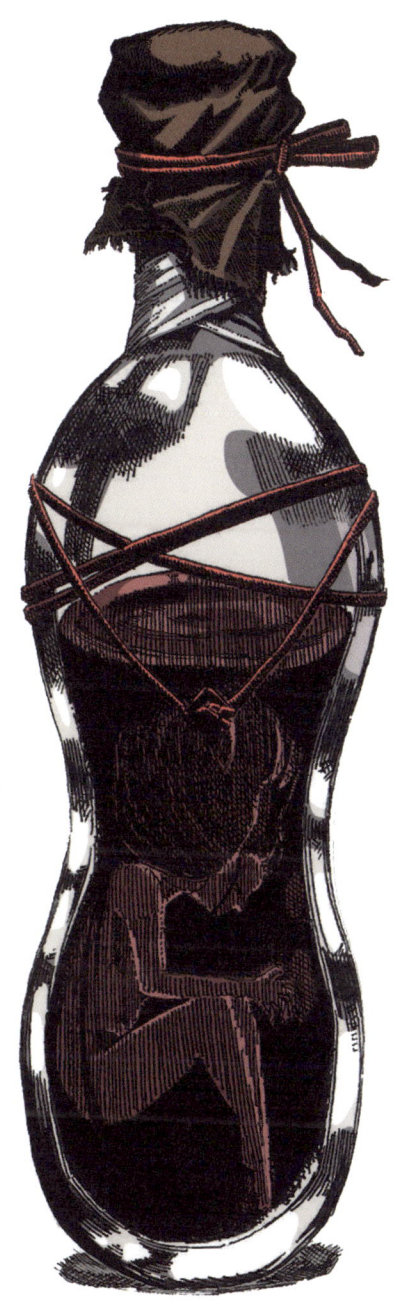

푸 솜 삽
Pu Som Sap
(태국)

푸 솜 삽은 할아버지의 외형을 한 귀신이며, 잊혀진 보물을 수호한다고 알려진 태국의 귀신이다. 14-18세기경, 부유한 사람들이 하인들로 하여금 숲의 비밀장소에 자신들의 보물들을 몰래 묻으라고 했다. 하인들은 보물을 갖고 숲으로 가던 중, 푸 솜 삽이라는 노인을 만났고 노인은 안전한 장소를 소개해주겠다고 하며 그들을 동굴로 데려갔다. 푸 솜 삽은 동굴로 들어가자마자 그들 모두를 죽였고, 보물들을 동굴에 넣어놓고 자신이 그 보물들을 지켰다고 한다. 하지만 이후 푸 솜 삽은 사망하였고 보물은 어디 있는지 누구에게도 알려지지 않았다고 한다. 오늘날까지 푸 솜 삽은 비밀장소에서 자신이 빼앗은 보물들을 지키고 있다고 전해진다.

피 딥 친
Phi Dip Chin

(태국)

피 딥 친은 원래 중국 귀신이었으나, 태국 내에서 거주하는 중국인 커뮤니티로 인해 태국에서도 목격되는 귀신이다. 한국인들이 알고 있는 '강시'와 같다. 피 딥 친은 객지에서 죽은 원혼이 깃든 시체들이다. 영환술사는 피 딥 친들을 고향으로 데려가야 하는데, 피 딥 친의 이마에 부적을 붙인 뒤 종소리를 내면 소리를 따라 피 딥 친들은 양발을 모으고 양손을 앞으로 뻗은 채 뛰어간다고 한다. 피 딥 친 이마에 붙어 있는 부적이 떼어지면 이들은 통제가 되지 않아 사람들을 사냥한다. 피 딥 친은 죽은 시체들이기에 관절이 뻣뻣해져 구부릴 수 없다. 앞을 볼 수 없지만 힘이 매우 강력하고 청력이 발달되어 있어, 숨소리로 사람들의 위치를 찾아 발견하면 피를 빨아 먹어 힘을 모은다. 피 딥 친에 물리게 되면 물린 사람도 피 딥 친으로 변한다.

피 랑 클루앙
Phi Lang Kluang

(태국)

피 랑 클루앙은 태국 남부 해변에서 목격되는 귀신이다. 여행객들이 밤에 해변가에서 놀고 있을 때, 피 루앙 클루앙은 접근한다. 평범한 남자처럼 여행객들에게 접근하여 그들과 수다를 떨고 불을 지펴주는 등 호의를 베푼다고 한다. 그러다가 등이 너무 간지럽다며 등을 긁어달라고 부탁하는데, 여행객이 그의 등을 긁어주기 위해 옷을 올리는 순간 정신을 잃는다고 한다. 바로 피 랑 클루앙의 등은 상처가 곪아 구더기와 지렁이가 들끓으며, 척추와 내장들이 다 보이기 때문이다. 당신이 태국 남부 해변에 놀러 갔을 때, 낯선 남자가 다가와 등을 긁어달라고 한다면 정중히 거절해야 할 것이다.

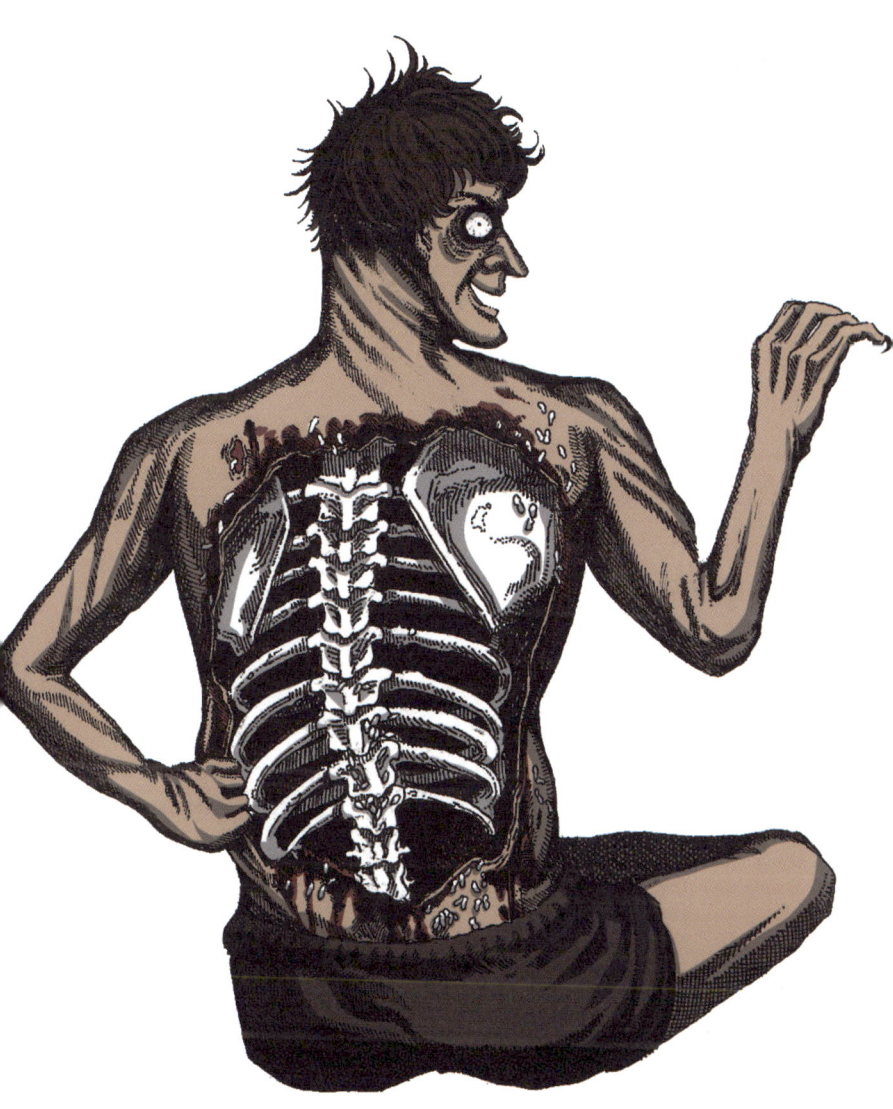

피 마 봉
Phi Ma Bong
(태국)

피 마 봉은 태국의 괴물이며, 아름다운 여성의 상체와 말의 하체가 결합된 형태의 괴물이다. 피 마 봉은 아름다운 외모를 이용해 남자를 유혹하며, 자신의 서식지까지 남성이 쫓아오면 그때 잡아먹는다고 한다. 보통 숲을 지나는 남성을 유혹할 때는 말의 하체를 인간의 하체로 바꿔 완전한 인간의 모습으로 유혹한다.

피 마 봉은 말의 울음 소리를 내며, 인간의 언어를 구사하지는 못한다. 따라서 숲속을 거닐다가 의문의 아름다운 여자가 유혹을 하려는 것을 경험한다면 대화를 시도해야 한다. 대화를 시도했을 때, 말없이 웃거나 계속해서 대화를 피하려고 한다면 따라가지 말고 재빨리 도망쳐야 한다. 피 마 봉인 것을 알았음에도 도망치지 못하면, 피 마 봉은 자신의 유혹이 통하지 않은 것에 분노하며 더욱 잔인하게 남성을 살육한다고 전해진다.

피 브라에드
Phi Braed
(태국)

피 브라에드는 태국의 도심에서 목격되는 귀신이다. 얼핏 보면 평범한 여성의 외형을 갖고 있지만 날카로운 이빨과 비정상적으로 찢어진 입을 갖고 있다. 태국에서는 자녀의 모습을 한 채, 부모를 잡아먹는 귀신이라고 알려져 있어 공포의 대상이다.

피 브라에드는 바쁜 직장일로 인해 자녀들에게 소홀한 가정의 부모에게 주로 나타난다고 전해진다. 피 브라에드가 부모를 잡아먹기로 결심을 하면, 갑자기 부모가 일하는 직장에 배웅을 나간다거나, 낯선 곳으로 여행을 떠나자고 제안을 한다거나 하는 등의 행동을 한다.

피 브라에드를 무찌르기 위해서는, 부모와 자녀 간에만 알 수 있는 비밀에 대해 질문을 하면 된다. 피 브라에드는 대답을 하지 못하고 금세 도망간다고 전해진다.

피 송 낭
Phi Song Nang
(태국)

피 송 낭은 태국의 귀신이며, 한 뿌리에서 두 갈래로 자란 나무에 머무는 자매의 정령이다. 한 뿌리에서 두 갈래로 자란 나무는 흔치 않기 때문에, 길조로 여기며 피 송 낭은 이런 나무를 베지 못하도록 보호한다. 만약 사람들이 나무를 베기 위해 접근하면 길을 잃게 하거나, 정신이 멍해지게 하는 등 장난을 친다. 하지만 이를 무시하고 나무를 베려 다시 접근하는 사람이 있다면 피 송 낭은 이들에게 심각한 질병을 준다. 질병에 걸리면, 당사자와 가족들이 음식을 가져와 나무에 공양해야만 낫는다고 한다.

피 송 낭은 특히나 잘생긴 남자를 좋아하는데, 나무 주위를 지나는 잘생긴 남자를 보면 납치하여 어디론가 사라진다고 한다.

피 암
Phi Am

(태국)

  피 암은 밤에 사람의 가슴 위에 앉아 가슴을 짓누르는 태국의 여자 귀신이다. 피 암은 사람들로 하여금 '가위'를 눌리게 한다고 전해지며, 피 암이 고른 사람은 악몽을 지속적으로 꾼다고 한다. 심하면 악몽과 가위에 시달리다가 죽는 경우도 많다.

  피 암은 깡마르고 짙은 검정색의 몸을 갖고 있으며, 산발을 하고 있다. 피 암이 공격하는 대상은 성인 남성이다. 피 암은 대상의 성별을 얼굴에 자란 수염으로 알아본다고 한다. 따라서, 피 암으로부터 안전하기 위해서는 자기 전에 수염을 깔끔하게 정리하고 입술에 립스틱을 바르거나, 화장을 하는 등 여장을 해야 한다고 한다.

  피 암이 어떤 사연을 갖고 남성들만 공격하는지는 알려져 있지 않으나, 사람들은 남자에게 배신당해 자살한 여성의 원혼이라고 추측한다.

피야움
Phi Ya Wom

(태국)

피 야 움은 할머니의 모습을 하고 있는 태국의 식인귀이다. 시장이나 길거리에 구걸하는 것처럼 위장해 있다가 선량한 마음을 갖고 있는 사람이 다가오면 마법을 사용해서 홀린다. 피 야 움은 마법에 홀린 사람을 집으로 데려가 죽인 후 먹는다고 한다.

피 야 움은 육체적으로 강하지 않기 때문에, 정신을 차린다면 피 야 움의 집에서 탈출하는 것은 그렇게 어렵지는 않다고 한다.

피 응구
Phi Ngu
(태국)

피 응구는 인간과 뱀이 혼합된 형태로 묘사되는 태국의 뱀 정령이다. 피 응구는 여성의 상반신과 뱀의 하반신을 갖고 있으며, 상반신은 매우 아름다운 여성의 모습을 지녔다고 전해진다.

피 응구는 사람을 먹이로 삼으며, 숲에 거주하며 숲을 지나는 사람들을 홀려 꼬리로 그들을 감싼 뒤 잡아먹는다고 한다. 피 응구는 숲을 지나는 남성들을 주로 잡아먹는데, 아름다운 외모를 이용하여 가까이 접근하게끔 한다. 그리고 나서는 눈을 마주친 뒤 눈을 통해 환각을 보게끔 한다. 따라서 피 응구에게 홀리지 않기 위해서는 눈을 감거나 다른 곳을 쳐다보아야 한다고 전해진다. 하지만 피 응구에게 살아남았다고 하더라도 긴 시간 동안 악몽에 시달리거나 이유 모를 질병으로 인해 고통받을 수 있다.

피 카
Phi Ka

(태국)

피 카는 태국 북부에서 목격되는 귀신이며, 동물이나 사람의 생살을 먹는 것을 좋아한다. 피 카는 마법을 부릴 수 있는 주술사에 의해 키워지며, 하얀 천으로 덮인 항아리에 보관된다.

피 카는 주인에게 매우 이로운 귀신인데, 밤이 되면 항아리에서 나와 긴 혀로 주인의 얼굴을 핥는다고 한다. 그러면, 주인은 매우 아름다운 여성 혹은 남성으로 얼굴이 바뀐다고 한다. 피부 또한 어떠한 화장품을 써도 견주지 못할 만큼 훌륭하게 만들어준다고 한다.

피 카에게는 주기적으로 동물이나 사람의 생살을 먹이로 주어야 하며, 먹이를 주지 않는 등 잘 돌보지 않고 방치한다면 분노하여 주인을 비롯한 주변 사람들을 죽이고 내장을 꺼내 먹는다고 한다.

피 크라시
Phi Krasy

(태국)

피 크라시는 마녀의 몸 안에 산다고 믿어지는 태국의 귀신이다. 마녀는 피 크라시로 인해 자신의 몸이 거울에 비치지 않는 현상을 경험한다. 피 크라시는 마녀기 잠든 사이 입을 통해 밖으로 나가 짐승이나 사람의 내장을 먹는다. 때때로 굶주림을 못 이겨 산 사람의 내장을 먹어 사람을 죽이기도 한다.

피 크라시는 푸른 빛을 내는 테니스공 모양의 외형이며, 약 50cm 정도의 꼬리가 달려 있다. 자신이 원래 살고 있던 마녀가 죽으면 피 크라시는 다른 마녀의 몸으로 옮겨간다.

피 타보
Phi Tabo

(태국)

피 타보는 두 눈을 잃고 배회하는 태국의 맹인 귀신이다. 그가 두 눈을 잃은 연유에 대해서는 자세히 알려진 바가 없으나, 끊임없이 자신의 눈을 찾아 이곳저곳을 배회한다고 한다. 그러다가, 누군가가 그의 손에 닿는다면 '내 눈을 돌려달라'며, 눈을 공격한다고 한다.

피 타보는 두 눈이 없기 때문에 사람들을 공격할 때 오로지 청각에만 의지한다고 한다. 따라서 피 타보를 만난다면 아무 소리도 내지 않은 채 몰래 도망가야 한다. 하지만 피 타보의 청각은 엄청나게 예민하기 때문에 아주 작은 소리라도 낸다면 금세 뛰어와 눈을 뽑아간다.

피 타이 홍
Phi Tai Hong

(태국)

　피 타이 홍은 장례식을 치르지 못한 채 급작스럽게 죽음을 맞이한 사람의 영혼으로부터 생겨난 태국의 귀신이다. 피 타이 홍은 자연사가 아닌, 살해되거나 익사하는 등 폭력적인 방법으로 예기치 못하게 외롭고 슬프게 죽어간 사람들의 원혼이다.

　그들은 살아생전 자신들의 삶에서 꿈을 이루지 못하고 급사했기 때문에 매우 위험하고 공격적이다. 피 타이 홍은 항상 분노와 슬픔, 복수심에 가득 차 있으며, 주변에 보이는 사람들도 자신들과 똑같이 억울한 죽음을 맞게 하려 한다. 특히, 그들은 죽은 장소에 머물며 근방을 방문하는 사람들에게 화풀이를 하며, 목숨을 위협한다.

　피 타이 홍 중 가장 원한이 강한 존재는 바로 살아생전 태어나지 않은 아이와 죽은 임산부라고 한다. 두 영혼이 동시에 죽어 원한은 두 배가 되며, 이들의 힘은 매우 강력해 사람들에게 큰 피해를 준다.

피 탈레
Phi Thale
(태국)

피 탈레는 태국 전설에 전해지는 바다의 정령이다. 바다에서 죽은 사람이 피 탈레가 되며, 외형은 다양하다. 바다에서 죽은 뒤, 물고기들에게 잡아먹히기 때문에 큰 물고기로 나타나는 경우가 많으며, 때때로 사람의 모습으로 등장하기도 한다.

피탈레는 주로 바다에서 수영하는 사람의 몸을 낚아채 익사시킨다고 한다. 간혹, 바다를 지나는 배 위에 몰래 올라가기도 하는데 피 탈레가 배 위에 올라가면 돛에서 신비로운 빛이 나기 시작하고 곧이어 배는 침몰한다.

피 탈레는 바다 위에 낙뢰를 떨어지게 할 수 있는 능력을 갖고 있어, 배를 위협할 때 낙뢰를 떨어뜨리기도 한다. 따라서 긴 항해를 준비하는 바다 사람들은 항해를 하기 전에 피 탈레의 억울한 죽음을 위로해주는 의식을 하기도 한다.

피 투아이 카에오
Phi Thuai Khaeo

(태국)

　피 투아이 카에오는 태국에서 강령술을 통해 소환되는 유령이다. 태국의 강령술도 우리나라의 분신사바처럼 여러 사람들이 모여 귀신과 소통하는 의식이다.

　태국의 강령술은 거꾸로 뒤집힌 유리잔을 탁자 위에 놓고 수행된다. 귀신을 소환한 사람들은 각자 궁금한 것을 묻게 되는데, 피 투아이 카에오는 질문을 듣고 뒤집힌 유리잔을 움직여 자신의 대답을 전달한다. 피 투아이 카에오는 간혹 사람들을 골탕 먹이고 놀래키기는 하지만 선한 유령으로 알려져 있어 사람들에게 해를 끼치진 않는다.

　하지만 악한 의도를 갖고 질문을 한다거나 피 투아이 카에오의 답변을 비웃는다면 피 투아이 카에오는 모든 움직임을 멈추고 강령술에 참여한 모든 사람에게 영원히 풀 수 없는 저주를 내린다고 한다. 이 저주는 전문 주술사만 아주 어렵게 풀 수 있으며, 저주를 풀지 못한다면 다양한 불행이 닥쳐 목숨을 잃는다고 한다.

피 파왑
Phi Pawb
(태국)

피 파왑은 태국의 귀신으로, 불의의 사고로 죽은 사람의 영혼으로부터 만들어진 귀신이다. 사고로 죽는 과정에서 신체가 크게 훼손되었으며, 특히 얼굴이 크게 훼손된 외형을 갖는다.

피 파왑은 사람들의 어깨에 붙어서 옮겨다니는데, 피 파왑이 어깨에 앉으면, 다른 사람의 눈에 그 사람의 얼굴이 심하게 일그러져 혐오감을 불러일으킨다고 한다. 자신도 억울하게 죽었기 때문에 억울함을 풀기 위해 자신이 선택한 사람의 신체도 결국 훼손당하게끔 한다.

피 파왑이 씌인 사람을 보고 혐오감을 느낀 사람들은 홀린 듯 상대방을 구타하여 신체를 크게 훼손시키고, 심하면 죽음에까지 이르게 하기도 한다.

피 팝
Phi Pop

(태국)

피 팝은 태국 민담에서 전해져 내려오는 여자 식인귀이다. 피 팝은 사람들의 몸에 빙의되는데, 특히 인간의 내장을 먹는 것을 좋아한다.

피 팝은 매우 강력하며, 자신이 공격할 대상을 정하면 잠자는 사이 빙의된 몸을 이용하여 공격대상을 찾아가 수단과 방법을 가리지 않고 죽인 후 배를 갈라 내장을 꺼내어 먹는다.

피 팝을 없애기 위해서는 주술의식을 해야 하는데, 주술의식에는 빙글빙글 돌며 춤을 추는 의식이 포함된다. 피 팝에 빙의된 사람과 함께 춤을 추면, 피 팝은 어지러움증을 느끼고 도망간다고 한다.

피 페타
Phi Peta
(태국)

태국에서는 물질적인 것을 탐하다가 죽은 사람이 피 페타라는 귀신이 된다고 전해진다. 그들은 음식, 돈, 권력, 성 등에 대한 강한 탐욕을 갖고 죽었기에, 죽어서도 이들에 대한 엄청난 열망을 갖고 있다. 피 페타들은 특히 엄청난 식욕을 갖고 있는데, 거대한 배를 갖고 있지만 입은 단추구멍만큼 작기 때문에 항상 만족하지 못한 채로 이곳저곳을 배회한다.

그들은 성질이 나쁘고 공격적이며, 밤이 되면 휘파람을 불며 자신들을 만족시켜 줄 것들을 찾아다닌다. 하지만 결국 자신들을 만족시켜 줄 대상을 찾지 못하고 영원히 불만족인 상태로 배회하게 된다. 피 페타는 배회하다가 만난 사람들에게 해를 끼치며, 사람들이 갖고 있는 모든 것을 빼앗기 위해 저주를 걸거나 질병을 옮긴다.

피 포앙 캉
Phi Poang Khang

(태국)

피 포앙 캉은 태국의 원숭이 귀신으로, 검은 빛깔을 띠고 있으며 야행성이다. 포앙(Poang)은 소금기가 있는 지역, 캉(Khang)은 원숭이를 뜻하며, 숲에 소금기가 있는 지역에서 주로 거주한다.

피 포앙 캉의 주식은 사람의 피다. 낮에는 숲에서 잠을 자다가 밤이 되면 숲 근처를 돌아다니며 잠을 자고 있는 사람의 피를 빨아 먹는다. 사람들의 피를 빨아 먹을 때는 날카로운 이빨을 사용하여 엄지발가락에 구멍을 낸다.

피 퐁
Phi Phong

(태국)

피 퐁은 태국 북부에서 존재한다고 믿어지는 귀신이다. 피 퐁은 일종의 좀비와도 같으며, 몸에서 엄청난 악취를 풍긴다. 낮에는 정상적인 사람의 모습으로 생활하지만, 밤이 되면 무언가에 빙의가 된 것처럼 태도가 변한다.

피 퐁의 특징은 콧구멍과 눈에서 광채가 나고 개구리, 물고기, 배설물, 시체와 같은 음식들을 찾으러 다닌다. 일반적으로 피 퐁은 먼저 위협받지 않는 한 인간을 해치지 않는다고 전해진다.

피 퐁의 타액은 독성을 지니고 있어 타액을 어떤 경로로 섭취하게 되면 심각한 질병에 걸린다고 한다. 일반 사람이 '완 피 퐁'이라는 허브에 노출되면 피 퐁으로 변한다고 전해진다.

피 풀락
Phi Pulak

(태국)

피 풀락은 태국의 흰개미 귀신이다. 피 풀락은 매우 작은 외형을 갖고 있으며, 흰개미처럼 생겼다. 하지만 일반 흰개미와 차별되는 점은 지능이 뛰어나고 어디든 빠른 시간 안에 이동할 수 있는 마법을 부린다는 점이다.

피 풀락은 나무를 갉아 먹는 습성을 갖고 있다. 따라서 태국 사람들은 갑작스럽게 숲의 나무가 쓰러진다거나 집 안의 목재가구가 부러진다면, 피 풀락이 근처에 머물고 있다고 생각한다. 피 풀락은 인간을 크게 염두에 두고 생활을 하지 않기에 해를 끼치는 일도, 크게 도움을 주는 일도 없다고 한다. 하지만 피 풀락이 머무는 곳에는 목재가구들이 부러지는 일이 잦기에 사람들은 피 풀락을 그렇게 환영하지는 않는다.

피 홍 남
Phi Hong Nam

(태국)

피 홍 남은 변기에 살고 있는 태국 귀신이다. 피 홍 남은 형태가 없지만, 사람 주변에 등장한다면 느낌으로 알 수 있다고 한다.

피 홍 남은 사람이 변기에 배설을 하면 나타나며, 배설물을 내리지 않고 피 홍 남에게 소원을 빌거나 액운을 제거해달라고 하면 피 홍 남은 배설물을 이용해 그 사람이 빌었던 소원을 들어주거나 액운을 제거해준다고 한다. 하지만 배설물을 내린다면 피 홍 남은 배설물이 없기 때문에 금세 사라진다.

피 홍 남은 매번 등장하는 것은 아니기 때문에, 특별히 빌어야 할 소원이 있다면 변기에서 배설을 한 후, 잠시 기다리며 피 홍 남이 나타났는지 잘 느껴야 한다. 악한 소원을 가진 사람은 피 홍 남이 나타나더라도 느낄 수 없다고 전해진다.

피 후아 카트
Phi Hua Khat

(태국)

 피 후아 카트는 살아생전 참수를 당해 머리가 없는 태국의 남자 귀신이다. 피 후아 카트는 오래전 전쟁터에서 죽음을 맞이한 전사 혹은 참수형을 낭한 죄수로 전해진다. 그들은 급작스럽게 죽음을 당했기 때문에 억울함을 느끼고 있어 누군가에게 자극을 받으면 매우 사납게 행동한다고 한다. 사나워진 피 후아 카트는 인간의 몸 혹은 머리를 빼앗으려 달려들거나 마구 공격하기도 한다.

 이들을 위로해주기 위해서는 잃어버린 그들의 몸이나 머리를 찾아 화장해주어야 한다.

피야르 라테 나트
Phyar late nat

(미얀마)

　미얀마에는 어린 소녀들이 줄곧 하는 놀이가 있다. 바로, 대나무로 만든 장판을 둥글게 말아 세워두고 전통의상을 입고 대나무 장판에 거주하는 영혼을 불러내는 강령술이다. 이 강령술에서 소녀들이 불러내는 영혼을 피야르 라테 나트라고 한다.

　소녀들은 대나무 장판을 가운데에 세워두고 장판을 흔들며 피야르 라테 나트에게 질문을 한다. 피야르 라테 나트는 질문에 대한 대답으로 가운데에 세워진 대나무 장판을 특정 방향으로 넘어뜨린다. 대나무 장판에 사는 이 영혼은 온순하여 소녀들이 묻는 질문에 솔직하게 대답해주는 편이지만, 성의 없는 질문을 하거나 의식을 장난스럽게 하면 분노하여 해를 입힌다고 한다. 해를 입은 소녀들은 악몽을 꾸거나 질병에 걸릴 수 있어 조심해야 한다.

한투 갈라
Hantu Galah

(말레이시아)

한투 갈라는 말레이시아 숲속에서 발견되는 귀신이다. 한투 갈라는 대나무처럼 길고 마른 나무들 사이에 숨어 있으며, 주변의 나무들과 비슷하게 키가 매우 크고 마른 여성의 외형을 갖는다. 대부분의 한투 갈라들은 외형에서도 볼 수 있듯이 암컷이다.

숲을 걸어가다 보면 마르고 긴 나무처럼 보일 수 있으나, 그것은 바로 한투 갈라의 다리일 가능성이 높다. 한투 갈라의 다리임을 눈치채고 고개를 위로 들어보면 거대한 한투 갈라가 쳐다보고 있을 것이다.

한투 갈라가 있다는 것을 눈치채지 못하고 밑을 지나가는 사람은 바로 한투 갈라의 공격 대상이 된다. 한투 갈라를 무찌르는 건, 생각보다 쉬운데 주변의 나뭇가지나 막대기를 주워들어 한투 갈라가 보는 앞에서 부러뜨리면 된다고 한다.

한투 라야
Hantu Raya
(말레이시아)

한투 라야는 말레이시아 귀신 중 가장 강력한 것으로 여겨진다. 한투 라야는 보통 흑마법사가 소유하고 있는데, 주인과 동일한 모습을 하고 그들을 대신해서 육체 노동을 수행한다.

한투 라야는 머물고 있는 지역에서 멀리 벗어날 수 없다. 전설에 따르면, 한투 라야의 본 모습은 얼굴 부위를 제외한 온몸에 검은 털이 나있으며, 거친 피부, 날카로운 이빨, 붉은 광채가 나는 눈을 갖고 있다.

한투 라야의 육체적 힘은 매우 강력하며, 힘이 센 인간의 약 2배 이상의 근력을 갖고 있다고 한다. 따라서 주인의 농사일을 잘 돕는다. 특히 겉모습을 주인과 동일하게 바꿀 수 있어, 주인이 집을 비운 사이에도 주변 사람들에게는 주인 행세를 할 수 있다고 한다.

한투 라야는 강황으로 만든 쌀, 계란, 닭고기 등을 먹으며, 주인이 한투 라야에게 제때 음식을 주지 않거나 관리를 소홀히 한다면 주인도 큰 해를 입을 수 있다.

한투 에어르
Hantu Air
(말레이시아)

한투 에어르는 말레이어로 '물의 정령'을 뜻한다. 강, 호수, 바다, 늪, 도랑 등 물이 있는 곳에 거주하는 영혼이다. 한투 에어르는 선함과 악함 모두를 지니고 있는 영혼이다.

선한 한투 에어르는 사람들이 물을 사용할 때, 적극적으로 돕는다. 깨끗한 물을 제공하여 사람들이 건강할 수 있도록 하고, 영양가 높은 물을 제공함으로써 농작물이 풍요롭게 자랄 수 있도록 돕는다.

하지만 악한 한투 에어르는 사람들이 물과 관련된 질병에 걸리게 만들거나, 심하면 태풍과 물보라를 일으켜 사람들을 익사하게끔 한다. 때로는 사람들을 물로 유혹하는데, 이때는 아름다운 여성이나 신비로운 물고기를 만들어낸다.

사람들은 물에 악한 한투 에어르가 있다고 생각이 되면, 무당을 불러 굿을 한다. 굿을 통해 악한 한투 에어르가 진정되면 다시 질병은 회복된다.

따라, 물고기를 잡는 어부들이나 강 근처에서 사는 사람들은 큰 행사가 있을 때는 한투 에어르를 위해 제의를 지닌다.

한투 팅기
Hantu Tinggi
(말레이시아)

한투 팅기는 키가 매우 큰 말레이시아의 귀신이다. 한투 갈라와 비슷하게 생겼지만, 한투 팅기는 사람이 아닌 해골 모양을 하고 있다. 그들의 외형은 팔다리가 가느다란 깡마른 사람처럼 생겼지만, 키가 너무 커 머리가 태양에 닿는다고 한다. 상체는 갈비뼈가 다 드러나 있다. 뿐만 아니라 반바지만 입은 모습으로 목격된다.

한투 팅기를 마주친다면 척추나 목이 부러지는 신체적 질환을 겪을 수도 있다. 뿐만 아니라 그들과 눈이 마주치면 실명이 될 수 있다. 한투 팅기를 만나 저주를 받게 되면, 이슬람 경전인 쿠란(Quran)을 외우거나 무슬림 주술사에게 가서 치료를 받아야 한다.

훈 파욘
Hun Phayon
(태국)

훈 파욘은 태국의 마법사들이 마법을 불어넣어 만든 주술인형이다. 훈 파욘은 풀, 나무, 잎, 양초, 점토, 실 등 매우 다양한 재료로 만들어지며, 동물, 신, 사람, 괴물 등 형태도 매우 다양하다. 훈 파욘을 만들 때, 특별히 마법사들이 애용하는 재료가 있는데 바로 갓 죽은 시체에서 채취한 손톱이나 시체를 둘러싼 관으로 만든 목재다. 이 외에도 갓 죽은 시체와 관련된 물품일수록 마력이 강해지기에 훈 파욘을 만들 때 사용한다고 한다.

훈 파욘은 고대에 각종 보물들이 보호되기를 기원하면서 만들어졌다고 한다. 현대에는 건강과 안전을 기원하는 차원에서 훈 파욘을 만들어 소지한다. 하지만 훈 파욘을 깨끗하게 관리하지 않으면 오히려 소지자에게 불운이 닥친다고 한다.